Heinz Wagner

Praxisbuch für den modernen Englischunterricht

in der Grundschule

Materialien zur Steigerung, Evaluation
und Dokumentation von Schülerleistungen

Auer Verlag GmbH

Der Autor:
Heinz Wagner ist Grundschullehrer und Betreuungslehrer für Lehramtsanwärter. Er ist darüber hinaus in der Lehrerausbildung und -fortbildung tätig. Zahlreiche Publikationen in Fachzeitschriften belegen sein fachliches Engagement.

Gedruckt auf umweltbewusst gefertigtem, chlorfrei gebleichtem und alterungsbeständigem Papier.

1. Auflage 2006
© by Auer Verlag GmbH, Donauwörth
Illustrationen: u.a. Ulrich Schaper
Satz: Fotosatz H. Buck, Kumhausen
Druck und Bindung: Ludwig Auer GmbH, Donauwörth
ISBN 978–3-403–04462-8

www.auer-verlag.de

Beobachtungsbogen und Bewertungsbausteine

Anhang

In der Vergangenheit wurde der Markt mit Materialien für den Englischunterricht in der Grundschule geradezu überschwemmt. Im Mittelpunkt standen dabei überwiegend das Kennenlernen der neuen Sprache, der freudvolle Zugang durch Bildmaterial, über Kinderlieder, Kinderspiele oder audio-visuelle Medien mit „native speakern". Die Weiterentwicklung des Unterrichts zeigt jedoch deutlich, dass von den Kindern mehr Leistung abverlangt werden muss, um den Vorwurf des zu sehr verspielten und fast kindlichen Zugangs zu entkräften, um den hohen zeitlichen Aufwand für Unterrichtsstunden in der Grundschule zu rechtfertigen, aber auch, um den Anforderungen und Erwartungen der weiterführenden Schulen gerecht zu werden. Damit finden Leistungskriterien Eingang in die Grundschulen, für die es bisher wenig geeignetes Unterrichtsmaterial gibt, das den zeitgemäßen Anforderungen annähernd genügen kann.

In dem vorliegenden Band finden Sie erprobte Übungsblätter für den Englischunterricht an Grundschulen, wertvolle Anregungen und Formulierungshilfen für Zeugnisbemerkungen, aber auch Selbsteinschätzungsbögen für die Hand der Kinder. Machen Sie sich auf den Weg der Portfolioarbeit, einer hilfreichen und spannenden Arbeit im Bereich der Leistungsfeststellung und Leistungsbewertung. Darüber hinaus erleichtern Vorschläge zur Lernstandserhebung, die Leistungen ihrer Schülerinnen und Schüler zu analysieren, um sie anschließend individuell fördern zu können. Eine Wörterliste mit dem produktiven Wortschatz, den die Kinder am Ende der 4. Klasse beherrschen sollten, ermöglicht nachhaltiges Lernen. Ich wünsche Ihnen und Ihren Schülerinnen und Schülern dabei viel Freude.

Heinz Wagner

Neue Ansätze im Fremdsprachenunterricht Englisch in der Grundschule

Nachdem der Englischunterricht an Grundschulen inzwischen zum festen Stundenplan gehört und flächendeckend angeboten wird, besteht nun die Gefahr, dass der Leistungsstand der Klassen am Ende der vierten Jahrgangsstufe eklatant differiert und die Kinder mit höchst unterschiedlichen Voraussetzungen an die weiterführenden Schulen kommen. Um diese Schnittstelle zwischen der Primar- und der Sekundarstufe pädagogisch verantwortlich zu gestalten, setzen sich zunehmend Qualitätsstandards durch: wie ein gesicherter Minimalwortschatz, grundlegende grammatikalische Kenntnisse und das Beherrschen elementarer sprachlicher Mittel. Dies soll aber nicht zu einer völligen Umkehr vom bisherigen, erlebnisorientierten Unterricht hin zu einem rein formalen Englischunterricht führen. Aufbauend auf dem weiterhin freudvollen Erstkontakt mit einer fremden Sprache und Kultur soll der Unterricht, eingebettet in kommunikative Zusammenhänge, ergebnisorientierter gestaltet werden, sodass die weiterführenden Schulen darauf aufbauen können. Isoliertes Vokabelpauken und -abfragen oder ein rein formaler Grammatikunterricht sind weder kindgerecht noch motivieren sie.

Die moderne Unterrichtsforschung geht heute davon aus, dass das Lesen und Schreiben in englischer Sprache eine unterstützende Funktion für das Behalten und Lernen ausüben. Deshalb ist es erforderlich, dass die Schülerinnen und Schüler am Ende der vierten Klasse einen begrenzten Wortschatz nicht nur rezeptiv verstehen, sondern auch produktiv sprechen, lesen und schreiben können. Gleiches gilt für grundlegende grammatikalische Formen. Ebenso sollen die Kinder an fachgemäße Lern- und Arbeitstechniken herangeführt und mit ihnen vertraut gemacht werden. All die genannten Kriterien bilden die Grundlage für den Lernerfolg und für eine gerechtere Ausgangschance aller Kinder beim Übertritt.

Welche Konsequenzen haben diese neuen Ansätze für die Unterrichtspraxis?

Um einen verbindlichen Minimalwortschatz und bestimmte grammatische Strukturen sicher abrufen zu können (sowohl mündlich als auch schriftlich), müssen diese Inhalte wiederholt geübt, vertieft und gesichert werden. Die Verschriftung wird nach einer Sicherungsphase im Mündlichen dem Bildmaterial zugeordnet und besitzt unterstützende Funktion. Wird das Schriftbild ganz ausgeklammert, besteht die Gefahr, dass sich die Kinder die Schreibweise eines englischen Wortes durch eine falsche Vorstellung davon auch falsch einprägen (vgl. Ertelt, 2004). Denn Kinder verwenden diese Memoriertechnik unbewusst als Merkhilfe.

Der gesamte produktive und rezeptive Wortschatz findet sich in den einzelnen Übungen wieder. Dadurch ist auch eine Differenzierung und Individualisierung innerhalb des Unterrichts möglich, da die Trennlinie zwischen produktiv und rezeptiv verfügbarem Wortschatz bei jedem einzelnen Kind unterschiedlich ist.

Der Neuansatz des Englischunterrichts an der Grundschule erfordert von der Lehrkraft, immer wieder den Lernfortschritt zu überprüfen, Lernprozesse und Lernstrategien zu reflektieren. Leistungsmessung und Leistungsbeurteilung im Englischunterricht sind notwendig, um den Lernerfolg jedes einzelnen Kindes dokumentieren zu können. Aus diesem Grunde wurden zu den zehn Themenbereichen Portfolio-Selbsteinschätzungsblätter für die Kinder, Me-Book-Seiten und spezielle Übungsblätter entwickelt. Alle Arbeitsblätter bilden zusammen die Grundlage für eine fundierte Unterrichtsevaluation. Sie stellen eine arbeitserleichternde Hilfe für Lehrkräfte dar, den Leistungsstand der Kinder festzuhalten, mit eigenen Beobachtungen zu vergleichen und Rückschlüsse auf die Gestaltung des Unterrichts und gezielte Fördermaßnahmen ziehen zu können. Die Übungsblätter können sowohl zur Sicherung des Wortmaterials und von Grammatikelementen verwendet werden, als auch zur Vertiefung für einzelne Schüler, die sich noch intensiver mit einem Themenbereich auseinandersetzen müssen. Ebenso dienen die Übungsblätter auch – gezielt eingesetzt – zur individuellen Lernstandsermittlung in den Bereichen Lesen und Schreiben.

Eine exemplarische Lernstandserhebungen zum Thema „Body, clothes and feelings" gibt der Lehrkraft eine Rückmeldung über den aktuellen Leistungsstand des einzelnen Kindes und ist so konzipiert, dass möglichst alle Könnensbereiche analysiert werden können.

Das Hörverständnis und die Sprachproduktion dürfen für die Gesamteinschätzung des aktuellen Lernstandes eines Kindes aber nicht außer Acht gelassen werden. Die Schriftlichkeit hat lediglich unterstützende Funktion. Schwerpunkt der Leistungsermittlung bleibt die kommunikative Sprachproduktion.

Möglichkeiten der Leistungsüberprüfung für eine objektive Leistungsbewertung

Die Möglichkeiten, das Leistungsvermögen eines Kindes im Fach Englisch in der Grundschule ermitteln zu können, müssen differenziert werden in die **Bereiche Hörverstehen, aktive Sprachproduktion, Leseverständnis und Schreiben**. Dass diese vier Hauptkriterien voneinander nicht ganz klar abgrenzbar sind und manchmal sogar zwei Bereiche gleichzeitig „getestet" werden können, ist selbstredend. Fließende Übergänge sind dabei gelegentlich sogar von Vorteil, wird der Gesamteindruck über den Leistungsstand eines Kindes damit doch präziser und deutlicher.

Wichtig ist in diesem Zusammenhang, dass das Wort erst mündlich gespeichert und gesichert sein muss, bevor der Grundschüler sich dem Lesen und Schreiben zuwendet. Den Schwerpunkt der Lernstandsermittlung bilden immanente Verfahren während des Unterrichts, wie die Beantwortung von Fragen und das Ergänzen mündlicher Vorgaben. In der vierten Jahrgangsstufe können dann durch „dosierte" Hinzunahme des Schriftbildes gezieltere Lernerfolgskontrollen durchgeführt werden, die sich auf die Bereiche Lesen, Schreiben und Grammatikgrundlagen ausweiten. Von schriftlichen Vokabeltests in der Grundschule ist jedoch dringend abzuraten!

Im Bereich des **Hörverstehens** kann die Lehrkraft den Leistungsstand eines Kindes exemplarisch durch Bilddiktate (z.B. Bilder in bestimmten Farben ausmalen, Gegenstände nach Diktat zeichnen), durch das Ordnen von Bildern nach einer gehörten Handlungsfolge (telling a story), durch Richtig-Falsch-Ankreuzaufgaben oder durch das Ausführen von gehörten Bewegungsaufgaben etc. ermitteln. Die Leistungsüberprüfung kann auch dadurch erfolgen, dass die Kinder einen Story-Text in deutscher Sprache mit eigenen Worten wiedergeben oder Fragen zu etwas Gehörtem auf Deutsch beantworten.

Im Bereich der **Sprachproduktion** können Lehrkräfte den Ist-Stand eines Schülers einschätzen, indem das Kind in englischer Sprache auf einfache Fragen (z.B. How are you? Where do you come from? What's your hobby?) antwortet und damit sein produktives Sprechvermögen unter Beweis stellt. Im Interview, im Spiel, in szenischen Darstellungen, im Rollenspiel oder im freien Sprechen kann dies ferner detailliert analysiert werden.

Das **Leseverständnis** eines Schülers kann beispielsweise durch Wort-Bild-Zuordnungen (z.B. in Form eines Dominospieles), durch richtiges Ankreuzen von mehreren Möglichkeiten zu einem gelesenen Satz oder Text, durch Herauslösen von Wörtern aus Kreuzgittern, durch das Finden eines falschen Wortes innerhalb einer Wortreihe zu einem bestimmten Thema, durch das Vorlesen einzelner Wörter oder Sätze oder durch Isolieren von Wörtern aus einer Wörterschlange überprüft werden.

Auch zur Ermittlung des individuellen Leistungsstandes beim **Schreiben** haben sich geeignete Maßnahmen wie Wortdiktat, Kreuzwortbildrätsel mit den englischen Begriffen, das Einsetzen fehlender Buchstaben eines Wortes (brickwords), zu einem Bild das Wort schreiben, zu einem Wort das Gegenteil finden, Lückentexte ergänzen etc. bewährt.

Besonders in den Bereichen Lesen und Schreiben finden Sie in dieser Handreichung zahlreiche Übungsformen, die Ihnen Hilfestellung bieten, den Wortschatz der Kinder mithilfe des Schriftbildes zu sichern oder den individuellen Leistungsstand zu ermitteln. Eine wichtige Rolle spielt im Lernprozess der individuelle Lernfortschritt, der mithilfe der Portfolio-Arbeit, der Selbsteinschätzung und des Me-Books, kindgerecht und motivierend ermittelt werden kann.

Die Portfolioarbeit mit Selbsteinschätzung und Me-Book

Für die zehn Themenbereiche des Grundschul-englischunterrichtes wurden **Selbsteinschätzungsblätter** für die Schüler entwickelt. In Anlehnung an das Europäische Sprachenportfolio können die Kinder damit in drei verschiedenen Kategorien (lachender Smiley = kann ich schon gut, neutraler Smiley = beherrsche ich meistens und trauriger Smiley = kann ich noch nicht, hier benötige ich noch Hilfe) ihr eigenes Leistungsvermögen einschätzen. Dies erfordert zwar einen gewissen Zeitaufwand, der aber überschaubar bleibt, für den Lehrer jedoch von großer Hilfe sein kann. Anhand dieser Selbsteinschätzung kann die Leistung des einzelnen Kindes nun zusätzlich mit den Lehrerbeobachtungen verglichen werden. Im Anschluss an die Auswertung der Bögen können Fähigkeiten des Kindes nochmals gezielt unter die Lupe genommen, Fördermaßnahmen für festgestellte Defizite erarbeitet und der Unterricht reflektiert werden. Sofern von den Lehrkräften schriftliche Zeugnisbemerkungen für das Fach Englisch in der Grundschule abverlangt werden, stellen diese herausgelösten Lernziele auf den Selbsteinschätzungsbögen, wertvolle Anregungen für die Formulierungen dar.
Auch für die Kinder selbst beinhaltet die Portfolioarbeit zahlreiche Vorteile. Zum einen stellt sie einen willkommenen Wechsel in der Unterrichtsmethodik dar. Viel wichtiger erscheint mir jedoch, dass die Kinder lernen, sich selbst realistisch einzuschätzen, ihr eigenes Lernen zu reflektieren und Lernfortschritte zu erkennen. Füllen die Kinder den gleichen Selbsteinschätzungsbogen nach Fördermaßnahmen nochmals aus, wird den Schülern selbst der eigene Lernfortschritt sichtbar gemacht. Auch den Eltern gegenüber wird mit dieser Form die Lernentwicklung transparenter gemacht.

Die Schüler sind aufgefordert, mit aufzuschreiben, in welchem Bereich sie noch Probleme haben, welche Hilfen sie sich erwarten, was ihnen beim Lernen konkret am meisten geholfen hat. In Verbindung mit dem Me-Book stellen die Selbsteinschätzungsblätter eine ideale Grundlage für die Dokumentation von Lernerfolgen und Leistungsentwicklung von der ersten Englischstunde bis hin zum Übertritt in weiterführende Schulen dar.

Das Me-Book entspricht dem bekannten Ich-Heft oder Ich-Buch aus anderen Grundschulbereichen, nur eben in englischer Sprache. In diesem Me-Book dürfen die Kinder ihre individuellen Lieblingsspeisen, Sportarten, Reiseziele etc. malen, beschriften, einkleben, ihren persönlichen Adventskalender gestalten und jeden Themenbereich individuell gestalten. Das gemeinsame Thema wird zum eigenen Erlebnis. Das Kind stellt einen persönlichen Bezug her. Bei der Präsentation der Me-Book Seiten im Sitzkreis ergeben sich wiederum zahlreiche Anlässe zur Versprachlichung, die eine neue Motivation für die Sicherungsphase herstellt.

Die Übungs- und Spielmaterialien für die 10 Themenbereiche

Die Übungsblätter beinhalten den gesamten Minimalwortschatz und die geforderten Redewendungen zu folgenden Themen:
– Körper, Kleidung, Befinden
– Essen und Trinken
– Familie und Freunde
– Schule
– Natur
– Brauchtum/Feste im Jahreskreis
– Haus und Wohnung
– Einkaufen
– Freizeit (Sport/Hobbys)
– Reiseland England (Städte und Sehenswürdigkeiten)

Sobald der Wortschatz phonetisch gesichert ist, kann das Wortbild eine sinnvolle Hilfe für eine dauerhafte Behaltensleistung darstellen. Zu diesem Zweck wurden motivierende Übungsformen und Spiele zur Festigung und Sicherung des Wortbildes erarbeitet.
Wortrahmen, Geheimschriften, Rückwärtswörter, Wortschatz in Spiegelschrift, Wort-Bild-Zuordnungen, Kreuzworträtsel, Satzbausteinspiele, Wörtersuchspiele, Wortklecksbilder, Brickwords, Schlangenwörter und viele weitere Formen sind motivierende Anreize für die Kinder, sich mit dem Wortmaterial spielerisch auseinanderzusetzen, gleichzeitig aber auch zielgerichtet hinsichtlich

eines produktiven Umgangs mit dem englischen Wortschatz.

Die Arbeitsanweisungen für die Kinder wurden absichtlich in deutscher Sprache verfasst, um zu vermeiden, dass Schüler mit Defiziten im Leseverständnis Aufgaben nicht bewältigen können, obwohl sie die eigentliche Anforderung erfüllen würden.

Die Spielformen Bingo und Domino sind den Kindern aus den Bereichen Mathematik und Deutsch bereits bekannt. Eine Musterkarte für beide Spiele liegt zu jeweils einem Themenbereich vor. Mithilfe der Wörterliste und der Blanko-Vorlagen können Sie mit ihren Schülern im Unterricht die Spiele individuell erstellen und einsetzen.

Bingo kann in der leichteren Spielform nur mit Bildern (von den Kindern gezeichnet oder kopierte Vorlagen) oder nur mit dem Wortmaterial (schwierigere Alternative) gespielt werden.

Das Domino-Spiel kann ebenfalls differenziert angeboten werden: in Form einer Bild-Wort-Zuordnung (leichte Variante) oder der Zuordnung des deutschen zum englischen Wort (schwierigere Variante).

Bingo- und Domino-Spiele sind auch für den Einsatz in der Freiarbeit hervorragend geeignet.

Spielform Bingo[1]: Jedes Kind bekommt einen Satz von Bildern oder Wörtern zu dem jeweiligen Themenbereich und ordnet die Karten beliebig in drei Reihen senkrecht und waagerecht. Die Lehrkraft hat zuvor die eigenen Bild- oder Wortkarten für die Tafel vergrößert und hängt nun die eigenen (zuvor gemischten) Karten der Reihe nach an die Tafel. Die Kinder legen auf ihre Bilder oder Wörter jeweils einen Muggelstein für ein an der Tafel aufgedecktes Wort. Wer von den Schülern zuerst drei Karten nebeneinander oder untereinander mit Muggelsteinen bedeckt hat, ruft „Bingo" und ist Sieger dieser Runde.

Das Spiel kann auch erschwert gespielt werden: Der Spielleiter nennt nur den Namen des nächsten Begriffes (ohne das Bild oder das Wortbild an die Tafel zu heften). Für Kinder, die die gelernten Wörter vom reinen Hörverständnis gut beherrschen, erhöhen sich die Gewinnchancen erheblich.

Spielform Domino[1]: Die erste Spielkarte ist die „Start"-Karte. Neben dem Start-Wort befindet sich entweder ein Bild oder ebenfalls ein Wort. Aus den anderen Spielkarten muss dazu die entsprechende englische oder deutsche Bezeichnung gefunden werden, damit die Spielkarte angelegt werden kann. Wurden alle Spielkarten richtig angelegt, so ist der letzte Baustein das Wort „End". Um das Spiel differenziert anbieten zu können, empfiehlt es sich ein reines Bilderdomino und ein Wort-Domino zu erstellen.

Bemerkungsbausteine für die Leistungsbewertung

Zur Dokumentation der Leistungsentwicklung des Kindes liegt ein detaillierter Beobachtungsbogen vor, der später auch als Grundlage für die Leistungsbewertung herangezogen werden kann.

Da die Leistung und die Leistungsentwicklung der Kinder zunehmend auch in Englisch für Zeugnisse, Übertritte und in Abschlussberichten festgehalten werden muss, wurden basierend auf den Bereichen Hörverständnis, Sprachproduktion, Leseverständnis und Schreiben Formulierungshilfen erarbeitet. Diese können bausteinartig für ihre Schülerinnen und Schüler verändert, ergänzt, verkürzt oder aber auch übernommen werden. Ergänzt werden die vier genannten Bereiche durch allgemeine Bemerkungen zu den Sprachebenen und zum Interesse an der englischen Sprache und Kultur. Stufe A wurde von mir exemplarisch ausformuliert, die Stufen B, C und D können durch markante Ergänzungen oder durch Weglassen spezifischer Wörter leicht abgewandelt werden.

---

1 Hier finden Sie weitere Spielvorlagen:
  Catrin und Almut Bartl: Vokabelspiele für den Englischunterricht. Auer Verlag
  Katja Kordelle-Elfner/Cordula Lang: Come on – Let's play. Persen Verlag
  Heiner Müller: Kombispiele zum Englischlernen I + II. Persen Verlag

Das kann ich in Englisch.

So schätze ich mich ein …

	😊	😐	☹️
Ich kann auf die Körperteile zeigen, wenn ich die englischen Wörter höre oder lese.			
Ich kann sagen, welche Körperteile mir weh tun.			
Ich kann sagen, welche Kleidungstücke ich trage.			
Ich kann sagen, welches Kleidungsstück ich anziehe.			
Ich kann sagen, welches Kleidungsstück ich ausziehe.			
Ich kann fragen, wessen Kleidungsstück das ist.			
Ich kann sagen, wie ich mich fühle.			
Ich verstehe, wenn mich jemand fragt, wie es mir geht.			
Ich kann fragen, wie es jemandem geht.			
Ich kann die englischen Wörter für Körperteile und Kleidung lesen.			
Ich kann zu Bildern die richtigen englischen Wörter schreiben.			
Ich kann das Lied _____ singen.			
Ich kann den Reim/das Gedicht _____ aufsagen.			

Besonders gefallen hat mir: _____

_____

Das fällt mir noch schwer: _____

_____

_____

NAME   DATUM

Heinz Wagner: Praxisbuch Englischunterricht
© Auer Verlag GmbH, Donauwörth

1. Welches Körperteil ist gemeint?

y e e _____   r e a _____

d a h e _____   e s n o _____

t h m u o _____   i a h r _____

i e f n r g _____   o t o f _____

r a m _____   n h a d _____

o y d b _____   e g l _____

2. Im Gitternetz verstecken sich sieben Körperteile. Findest du sie?

T	O	N	G	U	E	Q	Z	Y	G
O	L	E	Z	X	P	S	O	K	I
E	Ü	C	D	M	W	D	B	F	Y
T	F	K	N	E	E	Q	Z	E	P
A	R	T	W	O	S	F	L	E	P
T	O	O	T	H	P	H	F	T	D
S	Y	V	C	M	I	G	C	H	I
F	S	H	O	U	L	D	E	R	P
U	H	P	G	F	D	X	W	O	U
T	E	E	T	H	J	F	A	C	E

Waagerecht: _____

Senkrecht: _____

NAME   DATUM

11

3. Löse das Kreuzworträtsel.

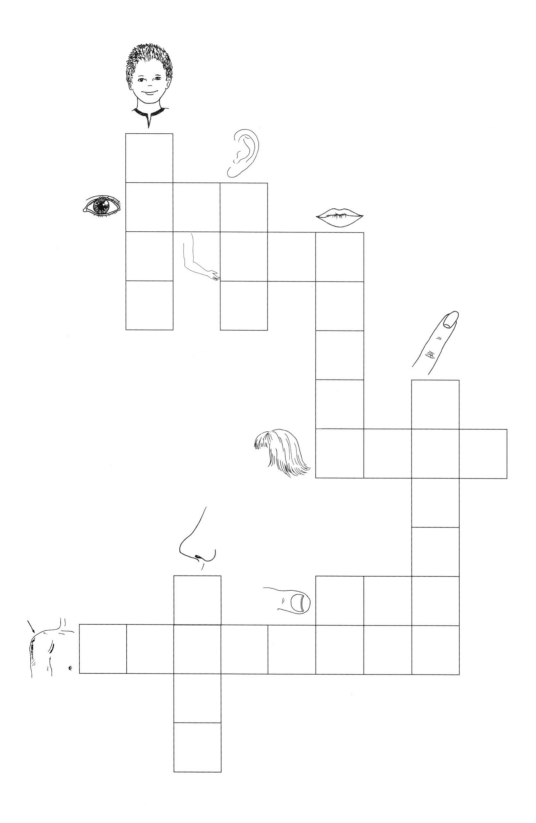

Heinz Wagner: Praxisbuch Englischunterricht

4. Wie heißen die Körperteile?

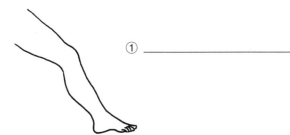

① _____

② _____

③ _____

④ _____

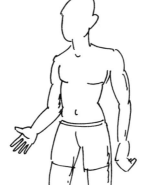

⑤ _____

⑥ _____

5. Was fehlt hier? Ergänze die Zeichnungen und schreibe das richtige englische Wort dazu.

①

②

③

_____

④

⑤

NAME

DATUM

6. Trenne die einzelnen Wörter der Wörterschlange.

bodymouthheadeyenosehairarearmfingerlegfoot

7. Kannst du die Schneewörter noch lesen und wieder sauber aufschreiben?

mouth _____   eye _____   hand _____

Finger _____   hair _____   head _____

8. Kannst du die Geheimschrift entziffern?

① /// _____   ② // _____   ③ // _____

④ // _____   ⑤ // _____   ⑥ //// _____

9. Welche Gefühle zeigt Peter? Verbinde Wort und Bild.

happy   angry   sad   tired   afraid

①

②

③

④

⑤

NAME _____   DATUM _____

Heinz Wagner: Praxisbuch Englischunterricht

10. Was hängt auf der Wäscheleine? Ordne die Wörter unter dem richtigen Kleidungsstück zu.

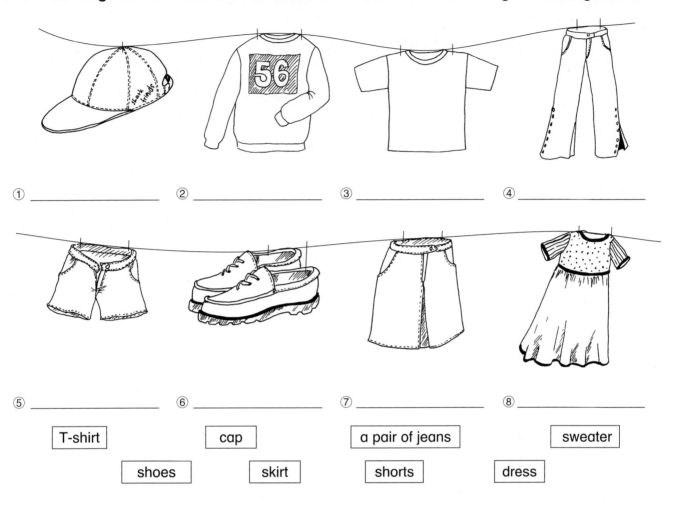

① _____   ② _____   ③ _____   ④ _____

⑤ _____   ⑥ _____   ⑦ _____   ⑧ _____

| T-shirt | cap | a pair of jeans | sweater |

| shoes | skirt | shorts | dress |

11. Einige Buchstaben hat der Buchstabenfresser schon geklaut.
Kannst du sie wieder richtig einsetzen?

T-s_irt   p_ll_ver   je_ns   sh_ _s

_ap   so_ _s

12. Kannst du den Buchstabendreher entwirren?
Achtung: Es sind nicht alles Kleidungsstücke.

① ttlie _____   ② gib _____   ③ tswaeer _____
little   big   sweater

④ tha _____   ⑤ uorterss _____   ⑥ itskr _____
hat   trousers   skirt

⑦ lopulver _____   ⑧ snjae _____   ⑨ pac _____
pullover   jeans   cap

NAME   DATUM

13. Hier haben sich 14 Kleidungsstücke versteckt. Findest du sie?

S	W	E	A	T	S	H	I	R	T
K	D	S	N	W	W	A	Z	O	P
I	R	H	O	X	E	T	Y	P	G
R	E	O	R	C	A	P	H	T	I
T	S	R	A	U	T	C	O	A	T
Z	S	T	K	J	E	A	N	S	S
S	H	O	E	S	R	M	J	K	O
F	R	Z	J	A	C	K	E	T	C
T	P	U	L	L	O	V	E	R	K
D	S	B	K	G	L	O	V	E	S

Waagerecht: _____

_____

_____

Senkrecht: _____

_____

_____

**14. Jeweils eines von vier Wörtern ist kein Kleidungsstück.
Streiche das Wort durch.**

① coat, anorak, ball, cap

② pullover, chair, shirt, sweater

③ dress, apple, shorts, hat

④ desk, shoes, socks, gloves

⑤ T-Shirt, trousers, jacket, three

⑥ scarf, jeans, green, boots

NAME   DATUM

Heinz Wagner: Praxisbuch Englischunterricht
© Auer Verlag GmbH, Donauwörth

15. Wie heißt das abgebildete Kleidungsstück. Kreise das richtige Wort ein.

shoes   coat   jacket   boots

dress   scarf   cap   trousers

16. Wie heißt es auf Englisch?
Schreibe die englischen Wörter in das Kreuzworträtsel.

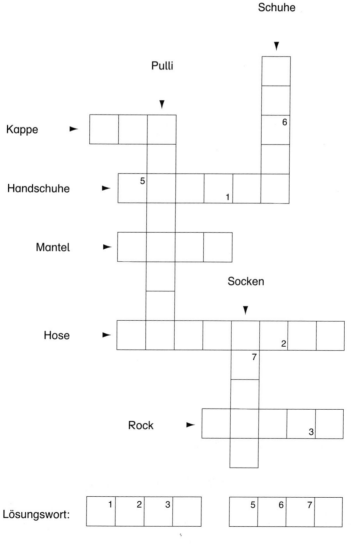

NAME   DATUM

17. Bilde die Mehrzahl.

Beispiel: one cap ⇨ *two caps*

① one skirt ⇨ eight skirt___   ② 5 T-shirt___, 1 hat___, 56 sweat-shirt___

one shirt ⇨ six shirt___   1 scarf___, 2 glove___, 7 anorak___

one pullover ⇨ three pullover___

one shoe ⇨ twelve shoe___

one sock ⇨ four sock___

18. Was ist richtig: *is* oder *are*? Setze die richtige Form ein.

 ① My gloves _____ cold.

 ⑤ My skirt _____ short.

 ② My cap _____ big.

 ⑥ My shirt _____ nice.

 ③ My jeans _____ blue.

 ⑦ My shoes _____ new.

 ④ My pullover _____ red.

 ⑧ My coat _____ is warm.

NAME

DATUM

Heinz Wagner: Praxisbuch Englischunterricht

19. In diesen Buchstabenschlangen hat sich jeweils ein Gefühlswort versteckt.
Kreise es ein.

Beispiel: ingf(happy)pfreas

① inhgrdisadfong

② omgnunhappydreswert

③ ztiredjkgre

④ minhturtzefine

⑤ kloktrsickiorhe

⑥ mhgepodfgoode

⑦ iztrabadortped

20. Passen Bild und Text zusammen? *Yes* or *no*?

I'm fine, thanks.

I'm okay.

I'm not very well. _____

NAME   DATUM

ME-BOOK

This is my _____

This is my _____

**That's me.
Stick on a photo.**

This is my _____

This is my _____

This is my _____

This is my arm.

This is my _____

This is my _____

This is my _____

This is my _____

This is my _____

Draw a smiley: That's how I feel today.

**My favourite clothes in summer.
Draw in clothes.**

**My favourite costume at carnival.
Draw in.**

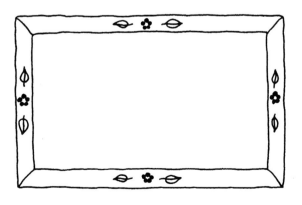

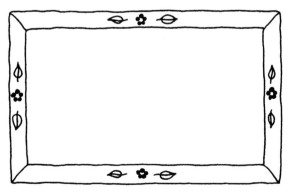

NAME

DATUM

20

Heinz Wagner: Praxisbuch Englischunterricht
© Auer Verlag GmbH, Donauwörth

Das kann ich in Englisch.

So schätze ich mich ein …	🙂	😐	🙁
Ich verstehe, wenn ich Speisen oder Getränke zeigen soll.			
Ich verstehe, wenn ich etwas wegräumen oder bringen soll.			
Ich kann sagen, was ich zum Frühstück, zu Mittag oder zum Abendessen mag.			
Ich kann sagen, was ich gerne/nicht gerne esse/trinke.			
Ich kann sagen, dass ich hungrig oder durstig bin.			
Ich kann fragen, was die Lieblingsspeise von jemandem ist.			
Ich kann fragen, was jemand essen und trinken möchte.			
Ich kenne die englischen Wörter für die wichtigsten Lebensmittel und Getränke.			
Ich kann meine Lieblingsspeisen in Englisch aufschreiben.			
Ich kann zu Bildern die richtigen englischen Wörter schreiben.			
Ich kann in einem Rollenspiel den Tisch decken.			
Ich kann das Lied _____ singen.			
Ich kann die Story _____ verstehen.			
Ich kann den Reim/das Gedicht _____ aufsagen.			

Besonders gefallen hat mir: _____

_____

Das fällt mir noch schwer: _____

_____

_____

NAME   DATUM

Heinz Wagner: Praxisbuch Englischunterricht
© Auer Verlag GmbH, Donauwörth

1. Streiche durch, was nicht in den Kühlschrank gehört.

plate   sandwich   ham   eggs

milk   ice-cream   tea   water

knife   butter   a cup of coffee

2. Was siehst du? Schreibe das englische Wort daneben.

3. Fruits or vegetables? Kreuze an.

	fruits	vegetables
apples, bananas, oranges		
onions, tomatos, cucumber		
pears, lemons		
carrots, lettuces, potatoes		
pickles		
strawberrys, plums		
watermelons, cherries		
grapes, peaches		
pineapples, kiwis		

NAME   DATUM

Heinz Wagner: Praxisbuch Englischunterricht
© Auer Verlag GmbH, Donauwörth

4. Verbinde Bild und Wort.

to drink

to eat

breakfast

cup

glass

honey

milk

5. Schreibe die englischen Wörter auf.

① Wasser _____ Milch _____ Butter _____

② Schinken _____ Ei _____ Eiscreme _____

③ Tee _____ trinken _____ essen _____

④ Teller _____ Messer _____ Tasse _____

⑤ Frühstück _____ Essen _____ bitte _____

6. Welche englischen Wörter sind mit den Wortrahmen gemeint? Fülle in Druckbuchstaben aus.
Tipp: Du findest die Wörter auf dieser Seite.

 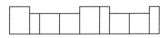 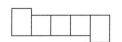 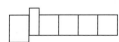

NAME   DATUM

7. Welche Buchstaben fehlen?

san__wich   a c__p __f t__ __   ic__-__reme

h__m   eg__   wat__r   pl__t__   kn__fe

pl__ __se   br__ __kfast   l__nch   a glas__ of mil__

b__tter   to __ __t   to drin__

8. Welcher Satz passt zu welchem Bild?

At tea-time Tim's mother drinks a cup of tea.

Jim likes to eat bananas.

Paul's brother eats apple pie.

Rita is thirsty. She is drinking a glass of water.

Heinz Wagner: Praxisbuch Englischunterricht
© Auer Verlag GmbH, Donauwörth

9. Finde heraus, welche Wörter sich in der Schlange verstecken.
Trenne sie voneinander mit einem Querstrich.

toastchickencheesesoupketchupsugarsaltforkspoon

breadmeatjuicecoffeebeerpotpanteapotpepperhoneychicken

10. Beantworte die Fragen mit „*Yes, I do*" oder „*No, I don't*".

Do you like cornflakes with milk? _____

Do you like eggs with salt and pepper? _____

Do you like sandwich with butter and ham? _____

Do you like ice-cream in summer? _____

11. Beantworte die Fragen mit „*Yes, I can*" oder „*No, I can't*".

Can you give me the knife, please? _____

Can you give me the plate with meat, please? _____

Can you cut the cheese for me, please? _____

12. Ergänze die Sätze: *do* oder *can*?

① _____ you like to drink coke?

② _____ _____ like to eat a lot for breakfast?

③ _____ you give me the sugar, please?

④ _____ _____ bring me the ketchup, please?

Heinz Wagner: Praxisbuch Englischunterricht
© Auer Verlag GmbH, Donauwörth

13. Richtig oder falsch? Kreuze an.

	right	wrong
Apples can be red, green or yellow.		
Strawberries are white.		
Tomatoes are green or red.		
Water has got no colour.		
Milk is white.		
Sugar and honey are sweet.		
We have breakfast in the evening.		
Dinner is in the evening.		
Tea-time is in the afternoon.		

14. Schreibe in Druckbuchstaben in die Kästchen.

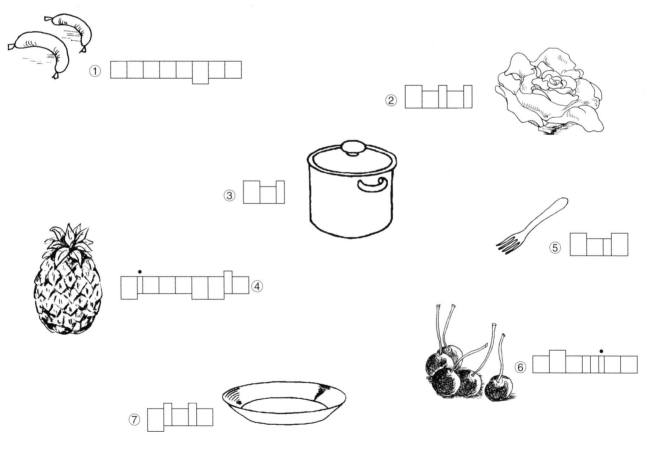

Heinz Wagner: Praxisbuch Englischunterricht
© Auer Verlag GmbH, Donauwörth

NAME   DATUM

Stick on a photo or draw in.

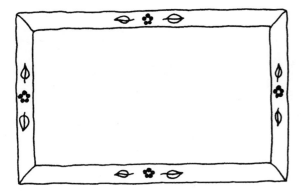

My favourite food

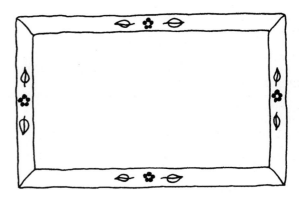

My favourite drinks

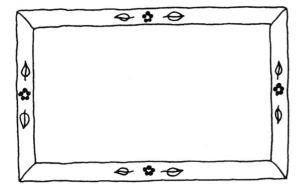

My favourite fruit

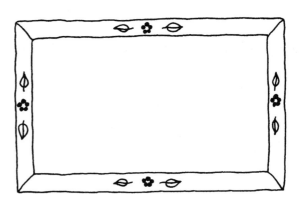

My favourite vegetables

My favourite shopping list for a party: _____

_____

_____

My favourite words: _____

_____

_____

NAME   DATUM

Das kann ich in Englisch.

So schätze ich mich ein …	🙂	😐	🙁
Ich verstehe, wenn mir jemand erklärt, aus welchem Land er kommt.			
Ich verstehe, wenn ich nach meinem Namen gefragt werde.			
Ich kann sagen, wie viele Geschwister ich habe.			
Ich kann sagen, wie meine Verwandten heißen.			
Ich kann sagen, welchen Beruf meine Verwandten haben.			
Ich kann fragen, ob jemand Bruder, Schwester, Onkel … hat.			
Ich kann fragen, wie alt jemand ist.			
Ich kann einen Familienstammbaum schreiben.			
Ich kann die englischen Wörter für Familie und Freunde lesen und verstehen.			
Ich kann erzählen, was ich den Tag über mache.			
Ich kann zu den Bildern die richtigen Wörter schreiben.			
Ich kann das Lied _____ singen.			
Ich kann die Story _____ verstehen.			
Ich kann den Reim/das Gedicht _____ aufsagen.			

Besonders gefallen hat mir: _____

_____

Das fällt mir noch schwer: _____

_____

_____

NAME   DATUM

Heinz Wagner: Praxisbuch Englischunterricht

1. In dem Buchstabensalat haben sich englische Wörter zu „Familie und Freunde" versteckt. Streiche die überflüssigen Buchstaben weg.

Beispiel: ~~ldifbfd~~**boy**~~isndk~~

① hrubrotheruimf wursisterotpr dfotmotheriun trbnhuncletr

② fatherbuthng unhbdgrfriend cousinvcdrts ghrfinfamilyom

③ zunauntudn tzgrandmotheru grandfatherklh manandwoman

2. Wie heißen die Rückwärtswörter? Schreibe sie auf.

① retsis _____ rehtaf _____ dneirf _____

② ylimaf _____ rehtorb _____ rehtom _____

3. Bilde aus den Satzbausteinen Sätze.

① name Henry is My . _____

② nine I am old years . _____

③ my brother He is . _____

④ sister She my is . _____

⑤ mother my parents are and Father . _____

⑥ uncle is My old years 45 . _____

⑦ This grandmother my is . _____

NAME _____ DATUM _____

4. Ein Buchstabe ist immer zu viel. Streiche ihn und schreibe ihn ins Kästchen. Wie lautet das Lösungswort?

☐ friendr

☐ mothier

☐ brogther

☐ sisther

☐ fathter

Lösung: _____

5. Hier sind neun Wörter versteckt. Findest du sie? Schreibe sie auf.
Tipp: Achte auch auf Verben (Tuwörter) und Adjektive (Wiewörter).

T	A	L	L	F	B	O	W
X	C	S	M	A	L	L	O
T	R	Z	Q	M	C	D	M
H	S	O	N	I	A	K	A
N	A	M	E	L	L	P	N
J	B	A	B	Y	L	D	F

Waagrecht: _____

_____

Senkrecht: _____

6. Setze richtig ein: *he*, *she* oder *it*?

① grandmother

② sister

③ father

④ uncle Tom

⑤ dog

⑥ mum

NAME

DATUM

Heinz Wagner: Praxisbuch Englischunterricht

7. Beantworte die Fragen mit: *I have got …*

How many brothers have you got? _____

Have you got a sister? _____

How many grandmothers have you got? _____

Have you got an uncle and an aunt? _____

8. Setze richtig ein: *am*, *is* oder *are*.

① Ich bin 10 (Jahre alt).   I _____ ten.

② Mein Bruder ist 8.   My brother _____ eight.

③ Er liest gerade ein Buch.   He _____ reading a book.

④ Du bist großartig!   You _____ great!

⑤ Sie (meine Schwester) ist groß.   She _____ tall.

⑥ Meine Eltern sind jung.   My parents _____ young.

⑦ Großmutter ist alt.   Grandmother _____ old.

⑧ Wir sind alle gute Fußballspieler.   We _____ all good football players.

⑨ Ich bin der Torwart.   I _____ the goal keeper.

9. Setze ein: *me* oder *my*.

This is _____ mother. She likes _____ . This is _____ father. He likes _____ , too.

_____ Parents show _____ their new car.

_____ mother likes reading, _____ father likes playing tennis.

My brother helps _____ doing _____ homework.

NAME   DATUM

10. Was machen deine Freunde und deine Familie gerade?

talking – singing – dancing – reading – running – board-games

They are _____

He is _____

She is _____

They are _____

They are playing _____

They are _____

11. Trage das fehlende Wort ein.

John and Mary are _____ coke. Mary _____ eating an apple.

Tim _____ playing guitar. Tom and Linda _____ doing their homework.

Ben _____ _____ a letter. Sally _____ _____ the newspaper.

Tony and Carol _____ _____ to the music.

NAME   DATUM

Heinz Wagner: Praxisbuch Englischunterricht
© Auer Verlag GmbH, Donauwörth

12. Lies den Text.

Tim: Hello.

Sandra: Hi.

Tim: What's your name?

Sandra: My name is Sandra. What's your name?

Tim: I'm Tim.

Tony: Good morning, Tim. Is this your sister?

Tim: No, she isn't. This is Sandra.

Tony: How old are you, Sandra?

Sandra: I'm ten years old and I'm from Ireland. And how old are you, Tony?

Tony: I'm nine. My brother John is ten years old, too.

Hello I'm Tim.

I'm Sandra.

13. Wie beantwortet Tony die Fragen?

① What's your name? _____

② How old are you? _____

③ What's your brother's name? _____

④ How old is your brother? _____

14. Richtig oder falsch? Kreuze an.

	right	wrong
① Sandra is Tony's sister.	☐	☐
② Tony is ten years old.	☐	☐
③ Sandra is from Ireland.	☐	☐
④ Tim is nine years old.	☐	☐
⑤ Tony is nine years old.	☐	☐

Hello

NAME

DATUM

**15. Welche Berufe verbergen sich hinter den Rückwärtswörtern?
Schreibe das richtige Wort unter das Bild.**

rehcaet   rekab   tolip

namtsop   retniap   remraf

① _____

② _____

③ _____

④ _____

⑤ _____

⑥ _____

16. Vervollständige Begrüßungen und Antwort.

How _____ you?

H_____, Tim!

Hello, Tom!
I'm _____, _____ you.

_____

_____

_____

_____

_____

_____

_____

NAME   DATUM

Heinz Wagner: Praxisbuch Englischunterricht
© Auer Verlag GmbH, Donauwörth

ME-BOOK

Stick on a photo or draw in.

This is my family.

These are
my friends.

When I grow up
I want to be …
(My favourite
job)

My favourite words:

_____

_____

NAME   DATUM

SELBSTEINSCHÄTZUNG

Das kann ich in Englisch.

So schätze ich mich ein …	☺	😐	☹
Ich verstehe, wenn sich mir jemand vorstellt.			
Ich verstehe, wenn ich meine Schulsachen auspacken soll.			
Ich verstehe, wenn wir ein Lied oder ein Spiel lernen.			
Ich kann die Anweisungen des Lehrers ausführen.			
Ich kann verstehen, wenn sich jemand bei mir bedankt/entschuldigt.			
Ich kann verstehen, wenn mir jemand die Uhrzeit erklärt.			
Ich kann die Zahlen bis _____ verstehen und selbst aufzählen.			
Ich kann die Wochentage verstehen und nennen.			
Ich kann mich selbst vorstellen.			
Ich kann jemanden begrüßen und verabschieden.			
Ich kann erzählen, was ich in der Schultasche habe.			
Ich kann fragen, ob jemand mit mir spielt.			
Ich kann Spielanweisungen geben.			
Ich kann fragen, ob jemand einen Stift/Radiergummi oder ähnliches für mich hat.			
Ich kann sagen, wo sich Schulgegenstände befinden.			
Ich kann erzählen, was ich in der Schule mache.			
Ich kann nach der Uhrzeit fragen.			
Ich kann fragen, wann die Schule beginnt/endet.			
Ich kann den Schulsachen die englischen Wörter zuordnen.			
Ich kann die Farben schreiben.			
Ich kann ein Bilddiktat zeichnen.			

NAME   DATUM

Heinz Wagner: Praxisbuch Englischunterricht
© Auer Verlag GmbH, Donauwörth

SELBSTEINSCHÄTZUNG

Ich kann die Wochentage ordnen und schreiben.			
Ich kann das Lied _____ singen.			
Ich kann die Story _____ verstehen.			
Ich kann den Reim/das Gedicht _____ aufsagen.			

Besonders gefallen hat mir: _____

_____

_____

_____

Das fällt mir noch schwer: _____

_____

_____

_____

Heinz Wagner: Praxisbuch Englischunterricht
© Auer Verlag GmbH, Donauwörth

NAME   DATUM

1. Verbinde das Purzelwort mit dem richtigen Bild.

① o b y   ② r i g l   ③ p p i u l s   ④ e c a h t e r

⑤ o s o h c l   ⑥ a c e s n p i c l e   ⑦ o k o b

⑧ u o c m p t r e   ⑨ n p e   ⑩ c i p l e n   ⑪ o o l c s h b g a

2. Was kannst du in der Schule alles machen?

① I sing a _____ . (song)

② I draw a _____ . (picture)

③ I write a _____ . (letter)

④ I read a _____ . (book)

NAME   DATUM

38

Heinz Wagner: Praxisbuch Englischunterricht
© Auer Verlag GmbH, Donauwörth

3. Kreise alle Wörter, die mit der Schule zu tun haben, ein.

classhotelteachersugarposterdeskflowerdoggluecatrubbercarrulerbus

pupilbookshirtcowcomputeranimalschoolbagmappapergrassscissors

4. Schreibe die englischen Wörter in Druckbuchstaben in die Wortrahmen.

①

④

②

⑤

③

5. Was gehört alles in deine Schultasche? Kreuze an.

	Yes, there is.	No, there isn't.
① Is there an exercise book in your school bag?	☐	☐
② Is there a monkey in your school bag?	☐	☐
③ Is there a comic book in your school bag?	☐	☐
④ Is there a ruler in your school bag?	☐	☐
⑤ Is there a workbook in your school bag?	☐	☐
⑥ Is there a computer game in your school bag?	☐	☐

NAME   DATUM

Heinz Wagner: Praxisbuch Englischunterricht
© Auer Verlag GmbH, Donauwörth

6. Welches der drei Wörter ist richtig? Kreise es ein.

① chair   table   ruler

② blackboard   pen   pencil case

③ rubber   exercise book   pencil sharpener

④ bag   chalk   desk

⑤ classroom   window   door

⑥ book   pencil   pupil

7. Schreibe die Sätze richtig auf.

① pen Take your . _____

② Open window the . _____

③ it today is What day ? _____

④ and Good boys girls morning . _____

_____

⑤ sing song a new Let's . _____

⑥ the boys up All stand . _____

⑦ Girls down sit please . _____

⑧ exercise book Can have I your please , ? _____

_____

NAME   DATUM

Heinz Wagner: Praxisbuch Englischunterricht
© Auer Verlag GmbH, Donauwörth

ÜBUNGSBLÄTTER

8. Wie viele Dinge und Personen siehst du? Schreibe auf.

Beispiel: There *is* one window.　　　　　There *are* two chair**s**.

①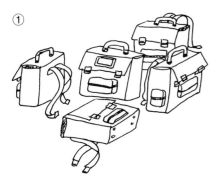

_____

②

_____

③

_____

⑤

_____

⑥

_____

④

_____

⑦

_____

⑧

_____

⑨

_____

⑩

_____

NAME　　　　　　　　　　　　　　　　　　　DATUM

9. Wo sind die Dinge? Setze ein: *on, in, under, behind.*

The pencil is *on* the pencil case.

① _____

_____

② _____

10. Wie heißt das auf Englisch?

① blau _____ rot _____ gelb _____

② grün _____ weiß _____ schwarz _____

③ grau _____ pink _____ braun _____ orange _____

11. Welche Farben kannst du entdecken?

p	b	l	u	e	l	b	r
t	l	y	e	l	l	o	w
g	a	g	r	e	y	r	h
b	c	y	g	c	d	a	i
r	k	h	r	j	x	n	t
o	d	z	e	o	a	g	e
w	s	r	e	d	u	e	g
n	p	i	n	k	f	i	d

12. Schreibe sie auf.

Waagerecht: _____

Senkrecht: _____

NAME   DATUM

42

Heinz Wagner: Praxisbuch Englischunterricht
© Auer Verlag GmbH, Donauwörth

13. Male die Farbwörter in der entsprechenden Farbe aus.

black   yellow   blue   green   red

grey   white   orange   pink   brown

14. Beantworte die Fragen mit „Yes, it is" oder „No, it isn't".

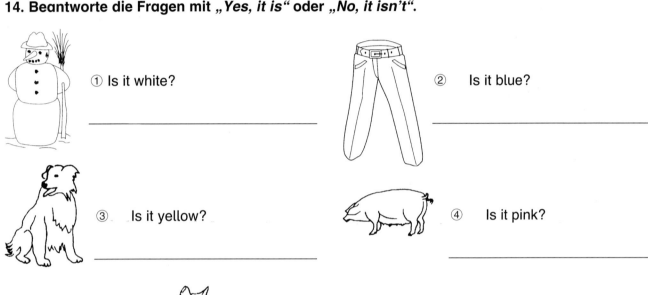

① Is it white?

_____

② Is it blue?

_____

③ Is it yellow?

_____

④ Is it pink?

_____

⑤ Is it red?

_____

15. Welche Farbe haben sie?

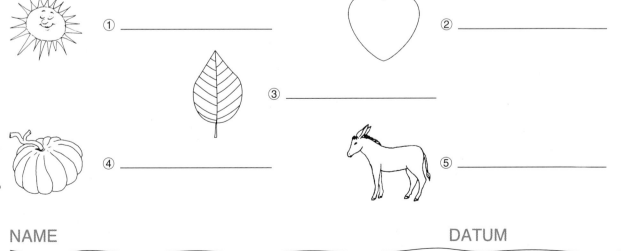

① _____

② _____

③ _____

④ _____

⑤ _____

NAME   DATUM

16. Lies den Text und zeichne das entsprechende Bild.

① Draw a grey desk.

② Draw a white house with a blue door.

③ Draw a brown table
with a black book on it.

④ Draw a picture
with a yellow sun,
a blue sky and
a brown tree
with green leaves.

NAME

DATUM

Heinz Wagner: Praxisbuch Englischunterricht
© Auer Verlag GmbH, Donauwörth

17. Unterstreiche die *numbers* und kreise die *colours* ein.

ten   white   red   purple   two   five   seven   green

black   yellow   four   six   pink   eleven   grey   three

18. Rechne aus und schreibe die Lösung als englisches Wort.

① three plus four = _____   ④ ten minus six = _____

② five plus six = _____   ⑤ nine minus eight = _____

③ two plus five = _____   ⑥ six minus four = _____

19. Was ist richtig: „*This is …*" oder „*These are …*"?

Beispiel: This **is** one pencil.
          These **are** three chair**s**.

① _____ one teacher.   ⑤ _____ two pupils.

② _____ four exercise books.   ⑥ _____ my English book.

③ _____ your pencil case.   ⑦ _____ my shoes.

④ _____ five rulers.   ⑧ _____ one rubber.

20. Schreibe die Wochentage in Englisch nach dem Alphabet geordnet auf.

F_____   M_____   Th_____   Tu_____

Sa_____   Su_____   W_____

21. Erkennst du die Wochentage? Schreibe sie richtig auf.

| Wndeseyad | udyaSn | rFiayd | tSrdyuaa | donMay | yeusadT |

_____

NAME   DATUM

22. Welcher Wochentag ist heute?

① Today is the fourth day of the week: _____

② Yesterday was the day after Sunday: _____

③ Tomorrow will be the sixth day: _____

④ Today is the last day of the week: _____

23. Wie spät ist es? Zeichne die richtige Zeit ein.

① It's six o'clock.

② It's half past seven.

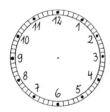

③ It's a quarter to eight.

④ It's a quarter past five.

⑤ It's nine o'clock.

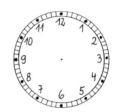

⑥ It's half past ten.

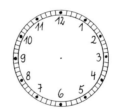

⑦ It's a quarter past three.

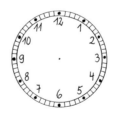

⑧ It's a quarter to eleven.

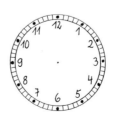

NAME   DATUM

Heinz Wagner: Praxisbuch Englischunterricht
© Auer Verlag GmbH, Donauwörth

24. Verbinde was zusammengehört.

It's half past four.

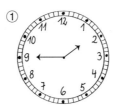

Es ist acht Uhr.

It's a quarter to two.

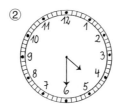

Es ist Viertel nach sieben.

It's eight o'clock.

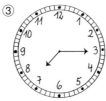

Es ist halb fünf.

It's a quarter past seven.

Es ist Viertel vor zwei.

25. Schreibe die Uhrzeit in Englisch auf.

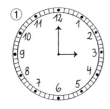 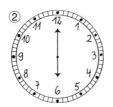 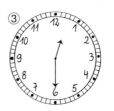 

It's _____ It's _____ It's _____ It's _____

   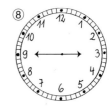

It's _____ It's _____ It's _____ It's _____

© Auer Verlag GmbH, Donauwörth

NAME

DATUM

Stick on a photo or draw in.

This is my school.

This is my classroom.

The name of my school is: _____

The headmaster's name of our school is: _____

In our school there are _____ **pupils.**

In our school there are _____ **classes.**

Heinz Wagner: Praxisbuch Englischunterricht
© Auer Verlag GmbH, Donauwörth

ME-BOOK

I'm in class _____ .

In my class there are _____ **pupils,** _____ **boys and** _____ **girls.**

_____ **sits next to me,** _____ **sits in front of me.**

The name of my teacher is: _____

My English teacher is: _____

My favourite teacher is: _____

This is my favourite subject: _____

The subject I don't like: _____

Stick on a photo or draw in.

Things I need at school.

Things I do at school.

My favourite words: _____

_____

_____

_____

© Auer Verlag GmbH, Donauwörth

SELBSTEINSCHÄTZUNG

Das kann ich in Englisch.

So schätze ich mich ein …	☺	☹	☹
Ich verstehe, wenn mir jemand erklärt, was Tiere können.			
Ich verstehe, wenn mich jemand fragt, ob ich Haustiere habe.			
Ich verstehe, wenn mich jemand nach dem Wetter fragt.			
Ich kann die Tiere auf Bildern benennen.			
Ich kann sagen, welche Tiere ich mag/nicht mag.			
Ich kann sagen, welche Haustiere ich habe.			
Ich kann sagen, was Tiere können.			
Ich kann sagen, wie das Wetter heute ist.			
Ich kann sagen, in welcher Jahreszeit ich Geburtstag habe.			
Ich kann fragen, ob jemand Tiere mag.			
Ich kann fragen, ob jemand ein Haustier hat.			
Ich kann nach dem Wetter fragen.			
Ich kann die englischen Wörter für Natur lesen und verstehen.			
Ich kann englische Verben (Tuwörter) den Tieren zuordnen.			
Ich kann Tierlaute nach Aufforderung nachahmen.			
Ich kann zu den Bildern die richtigen Wörter schreiben.			
Ich kann das Lied _____ singen.			
Ich kann die Story _____ verstehen.			
Ich kann den Reim/das Gedicht _____ aufsagen.			

Besonders gefallen hat mir: _____

_____

Das fällt mir noch schwer: _____

_____

NAME   DATUM

Heinz Wagner: Praxisbuch Englischunterricht

ÜBUNGSBLÄTTER

1. Wie heißen diese Tiere auf Englisch? Schreibe ihre Namen auf.

①  ②  ③  ④

_____   _____   _____   _____

⑤  ⑥  ⑦  ⑧

_____   _____   _____   _____

2. Verbinde Wort und Bild.

frog	snake
sheep	parrot
monkey	penguin
donkey	elephant
horse	owl
fly	dolphin
snail	duck

NAME   DATUM

3. Kannst du alle Tiere erkennen?

① Kreise sie ein.
② Ein Tier kommt zwei Mal vor. Schreibe es auf: _____

horsecowhendonkeycatdograbbitbirdgoosehen

4. Welche Tiere sind Haustiere? Unterstreiche sie.

cat – hedgehog – frog – spider – butterfly – dog – fish – bird – crocodile – lion

5. Ein Tier passt nicht in die Reihe. Schreibe es auf.

Beispiel: cow – hen – chicken – fox   *fox* = ist kein Tier vom Bauernhof

① horse – frog – goose – cat   _____

② lion – monkey – cow – giraffe   _____

③ sheep – cow – horse – bear   _____

④ bird – elephant – owl– butterfly   _____

6. Im Zoo haben sich fremde Tiere eingeschlichen. Kennst du sie?

① _ h _ _ p
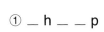

② h _ _

③ d _ _ k e y

④ _ o _

⑤ _ _ w

⑥ r a _ _ _ t

⑦ _ a _

NAME

DATUM

52

Heinz Wagner: Praxisbuch Englischunterricht
© Auer Verlag GmbH, Donauwörth

7. Welche dieser Tiere kannst du im Zoo finden? Kreise sie ein.

lion – tiger – cat – guinea pig – budgie – chicken – zebra – chimpanzee

dog – giraffe – monkey – goose – frog – crocodile – eagle – buffalo – elk

8. Schreibe Sätze zu den Bildern.

Beispiel: I see a wolf.

①  _____

②  _____

③  _____

④  _____

⑤  _____

⑥  _____

9. Welche Tiere findest du auf dem Bauernhof? Kreise sie ein.

bear – sheep – giraffe – dog – cat – elephant – cow – snake – horse – pig

chicken – goose – crocodile – mouse – fish – duck – hen – penguin – rabbit

NAME   DATUM

10. Frage nach den Haustieren: „*Have you got …?*"
Antworte mit „*Yes, I have.*" Oder: „*No, I haven't.*"

Beispiel: Have you got a monkey? No, I haven't.

① _____

② _____

③ _____

④ _____

⑤ _____

11. Was kann das Tier?
Setze ein: *spin, swim, fly, climb, jump.*

Beispiel: A deer can run.

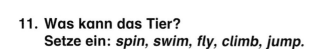
① _____

② _____

③ _____

④ _____

⑤ _____

NAME   DATUM

Heinz Wagner: Praxisbuch Englischunterricht
© Auer Verlag GmbH, Donauwörth

12. Welche Tiere magst du?
Fülle die Lücken aus und beantworte die Fragen schriftlich.

Beispiel: Do you like hamsters? ⇨ *Yes, I do. I like hamsters.*
Do you like spiders? ⇨ *No, I don't. I hate spiders.*

① Do you like cats? _____

② Do you like dogs? _____

③ Do you like frogs? _____

④ _____ you like pigs? _____

⑤ _____ _____ like snakes? _____

⑥ _____ _____ _____ mice? _____

13. Suche im Gitterrätsel nach folgenden Wörtern:
sky, flower, sun, tree, grass, moon, star, leaf

y	l	v	i	k	x	b	s
k	c	z	j	o	n	m	t
e	a	n	m	m	i	l	a
g	t	f	l	o	w	e	r
r	u	i	f	o	k	a	s
a	c	v	h	n	p	f	d
s	k	y	j	o	u	r	w
s	u	n	z	t	r	e	e

Waagerecht: _____

Senkrecht: _____

14. Übersetze die Wörter ins Deutsche

sun _____   leaf _____

star _____   grass _____

tree _____   planet _____

flower _____   moon _____

Heinz Wagner: Praxisbuch Englischunterricht
© Auer Verlag GmbH, Donauwörth

NAME   DATUM

15. Schreibe das englische Wort dazu auf.

16. Wie heißt es auf Englisch?
Setze richtig ein: *my*, *his*, *her* oder *a*.

Beispiele: sein Hund = his dog/ihre Katze = her cat
mein Hamster = my hamster/eine Maus = a mouse

① mein Pferd _____   ⑥ ein Löwe _____

② seine Schlange _____   ⑦ ihr Fisch _____

③ eine Katze _____   ⑧ mein Vogel _____

④ ihr Haustier _____   ⑨ eine Kuh _____

⑤ ein Schwein _____   ⑩ ihr Bär _____

17. Was ist richtig: *can* oder *can't*?

Beispiel: A cat <u>can</u> run. A cat <u>can't</u> fly. A cat <u>can</u> climb

① A frog _____ swim. A frog _____ jump. A frog _____ fly.

② A bird _____ write. A bird _____ run. A bird _____ fly.

③ A pig _____ eat. A pig _____ sing. A pig _____ dance.

④ A dog _____ run. A dog _____ jump. A dog _____ swim.

⑤ A mouse _____ fly. A mouse _____ run. A mouse _____ sing.

NAME   DATUM

Heinz Wagner: Praxisbuch Englischunterricht
© Auer Verlag GmbH, Donauwörth

18. Welche Jahreszeit ist gemeint?
Schreibe das englische Wort in den Kasten.

December   January   February

① [   ]

September   October   November

② [   ]

March   April   June

③ [   ]

June   July   August

④ [   ]

19. Welches Wetter haben wir?
Ordne den Wetterbericht dem richtigen Bild zu.

It's stormy.

It's sunny.

It's windy.

It's rainy.

It's snowy.

It's foggy.

It's cloudy.

20. Wie war das Wetter die letzte Woche?

Monday	Tuesday	Wednesday	Thursday	Friday	Saturday	Sunday
Regen	*Sonne*	*Wolken*	*Wind*	*Nebel*	*Regen*	*Schnee*

Schreibe Sätze.
Beispiel: On Monday it was rainy.

_____

_____

_____

NAME   DATUM

21. Was ist richtig? Kreuze an.

☐ ① We need an umbrella, when it's rainy.

☐ ② When the wind is blowing, it's sunny.

☐ ③ When snow is falling, it's snowy.

☐ ④ In winter it is snowy.

☐ ⑤ It's rainy in autumn.

☐ ⑥ It's hot in spring.

☐ ⑦ It's windy in winter.

☐ ⑧ It's foggy in autumn.

☐ ⑨ It's windy in summer.

☐ ⑩ In spring you can build a snowman.

☐ ⑪ In winter you need gloves.

☐ ⑫ In summer it's sunny.

22. Setze die Wörter richtig ein: *cold, warm, hot, wet, dry*.

① In winter it's _____

② In spring it's _____

③ In the desert it's _____

④ In summer it's _____

⑤ In autumn it's _____

⑥ Ice is _____

23. Schreibe auf, in welcher Jahreszeit diese Ereignisse stattfinden.

Beispiel: Christmas is in <u>winter</u>.

① Easter is in _____.

② Halloween is in _____.

③ My birthday is in _____.

④ Valentine's day is in _____.

⑤ In _____ we are six weeks on holiday.

⑥ In _____ the flowers are growing.

⑦ In _____ you can see many rainbows.

⑧ In _____ you can swim in the sea.

⑨ The New Year starts in _____.

Heinz Wagner: Praxisbuch Englischunterricht

ME-BOOK

Stick on a photo or draw in.

My favourite pet

My favourite zoo animal

My favourite farm animal

Other animals I like

My favourite plants

The weather I like most

My favourite words: _____

_____

NAME   DATUM

SELBSTEINSCHÄTZUNG

Das kann ich in Englisch.

So schätze ich mich ein …

	☺	😐	☹
Ich verstehe die englischen Monatsnamen.			
Ich verstehe, wenn mir jemand „Frohe Ostern" oder ein schönes Weihnachtsfest wünscht.			
Ich verstehe, wenn mir jemand etwas über die Feste erzählt.			
Ich kann die Monatsnamen benennen.			
Ich kann meinen Geburtsmonat schreiben.			
Ich kann jemandem alles Gute zum Geburtstag wünschen.			
Ich kann jemanden fragen, wann er/sie Geburtstag hat.			
Ich kann sagen, wann sein/ihr Geburtstag ist.			
Ich kann auf Englisch ein gutes neues Jahr wünschen.			
Ich kann auf Englisch frohe Ostern wünschen.			
Ich kann auf Englisch ein frohes Weihnachtsfest wünschen.			
Ich kann eine Weihnachtskarte/Osterkarte schreiben.			
Ich kann eine Valentinskarte schreiben.			
Ich weiß, was Thanksgiving bedeutet.			
Ich kann erklären, woher Halloween kommt.			
Ich kann das Lied _____ singen.			
Ich kann die Story _____ verstehen.			
Ich kann den Reim/das Gedicht _____ aufsagen.			

Besonders gefallen hat mir: _____

_____

Das fällt mir noch schwer: _____

_____

NAME _____   DATUM _____

Heinz Wagner: Praxisbuch Englischunterricht
© Auer Verlag GmbH, Donauwörth

1. Welche Feste sind das?
Trage die richtige Nummer in die Bild-Kästchen ein.

① Christmas
② Halloween
③ New Year's Eve
④ Valentine's Day
⑤ Bonfire Night
⑥ Easter
⑦ Thanksgiving Day
⑧ Mother's Day

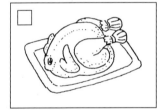
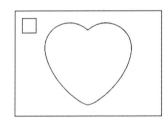

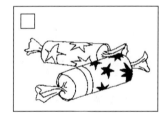

2. Was sagst du an den verschiedenen Festen?

① Weihnachten: „Mer _ _ C_ _ _ _ _ _ _ _!"

② Valentinstag: „Hap_ _ Val_ _ _ _ _ _!"

③ Ostern: „Ha_ _ _ _ _ _ _ _ _!"

④ Neues Jahr: „_ _ _ _ _ _ _ _ _ _ _ _ _!"

NAME   DATUM

3. Welches Fest versteckt sich hinter dem Rätsel?

① The English people celebrate it one day after the Germans. _____

② A rabbit plays hide-and-seek with eggs. _____

③ You celebrate it every year on your day of birth. _____

④ We celebrate it on the 1st of January. _____

⑤ English people eat Turkey that day. _____

⑥ You get presents and the whole family is together. _____

⑦ All your friends sing a song for you. _____

⑧ You wear strange clothes. _____

⑨ You write a letter or say a poem to your mother. _____

⑩ You bring flowers to the girl you love. _____

4. Was gehört zu Weihnachten, was zu Ostern?

① Kreise alle Wörter, die mit Ostern zu tun haben, ein.
② Unterstreiche die Wörter, die zu Weihnachten gehören.

Santa Claus – Easter Sunday – eggs –

stocking – star – angel

bunny – basket – tree –

candle – March/April – presents

NAME   DATUM

Heinz Wagner: Praxisbuch Englischunterricht
© Auer Verlag GmbH, Donauwörth

5. Wann sind diese Feste?

Beispiel: When is Christmas? Christmas is in <u>December</u>. It is in <u>winter</u>.

① When is Halloween?

Halloween is in _____. It is in _____.

② When is your birthday?

My birthday is in _____. It is in _____.

③ When is Mother's Day?

Mother's Day is in _____. It is in _____.

④ When is Easter? _____ is in _____ or _____.

It is in _____.

⑤ When is New Year? It is in _____. It is in _____.

⑥ When is Valentine's Day?

It is in _____. It is in _____.

6. Male ein Bild nach den Anweisungen.

① Draw a Christmas tree and colour the tree green.
② Draw candles and colour them red.
③ Draw five stars and colour the stars yellow.
④ Draw seven presents and colour them in your favourite colours.

NAME

DATUM

Stick on a photo or draw in.

My favourite festival

My favourite card

My favourite words: _____

_____

_____

NAME   DATUM

Heinz Wagner: Praxisbuch Englischunterricht
© Auer Verlag GmbH, Donauwörth

ME-BOOK

Fill in.

My birthday calendar

January	February	March
April	**May**	**June**
July	**August**	**September**
October	**November**	**December**

NAME   DATUM

SELBSTEINSCHÄTZUNG

Das kann ich in Englisch.

So schätze ich mich ein …

	☺	☻	☹
Ich verstehe, wenn mir jemand die Zimmer in seinem Haus erklärt.			
Ich verstehe, wenn mich jemand fragt, welche Zimmer es in meiner Wohnung gibt.			
Ich verstehe, wenn mich jemand fragt, welche Gegenstände ich in welchem Zimmer habe.			
Ich kann erklären, wo und wie ich wohne.			
Ich kann sagen, welches Zimmer mein Lieblingszimmer ist.			
Ich kann fragen, ob jemand in einem Haus wohnt.			
Ich kann einen Lageplan erklären.			
Ich kann erzählen, wie mein Traumhaus aussieht.			
Ich kann die englischen Wörter für Haus und Wohnung lesen und verstehen.			
Ich kann zu den Bildern die richtigen Wörter schreiben.			
Ich weiß, wie ein typisch englisches Haus aussieht.			
Ich kann das Lied _____ singen.			
Ich kann die Story _____ verstehen.			
Ich kann den Reim/das Gedicht _____ aufsagen.			

Besonders gefallen hat mir: _____

_____

_____

Das fällt mir noch schwer: _____

_____

_____

NAME   DATUM

Heinz Wagner: Praxisbuch Englischunterricht
© Auer Verlag GmbH, Donauwörth

ÜBUNGSBLÄTTER

1. Verbinde Wort und Bild.

table   chair   door   home   window

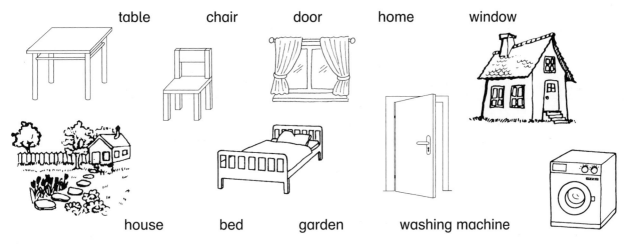

house   bed   garden   washing machine

Ein Wort bleibt übrig. Es heißt: _____

2. Welche Räume verstecken sich im Kreuzrätsel?
Schreibe sie auf.

t	j	g	a	r	a	g	e	p	l
g	d	c	v	m	x	z	y	p	k
o	b	q	k	w	f	h	u	t	i
l	i	v	i	n	g	r	o	o	m
r	e	r	t	z	j	k	a	i	y
t	f	v	c	h	n	l	b	l	c
b	a	t	h	r	o	o	m	e	x
y	f	k	e	l	v	b	n	t	m
t	c	x	n	a	s	h	k	l	ü
g	b	e	d	r	o	o	m	k	l

Waagerecht: _____

_____

Senkrecht: _____

_____

NAME   DATUM

Heinz Wagner: Praxisbuch Englischunterricht
© Auer Verlag GmbH, Donauwörth

3. Wie heißt das auf Englisch?

_____

_____

_____

_____

_____

_____

4. Schreibe auf, welche Einrichtungsgegenstände ihr in eurer Wohnung habt.
Beispiel: We've got a computer in the children's room.

We've got _____ .

We've got _____ .

We've got _____ .

We've got _____ .

5. Setze ein: _I, you, he/she/it, we, you, they._
Beispiel: Ich wohne in einem Haus. ⇨ _I live in a house._
Er wohnt in einer Wohnung. ⇨ _He lives in a flat._

① Wir wohnen in einem Haus. _____ live in a house.

② Sie wohnen in einer Wohnung. _____ live in _____ .

③ Du wohnst in einem Haus. _____ live _____ .

④ Ihr wohnt in einer Wohnung. _____ .

⑤ Sie wohnt in einem Haus. _____ live _____ .

NAME   DATUM

Heinz Wagner: Praxisbuch Englischunterricht
© Auer Verlag GmbH. Donauwörth

6. Welcher Raum ist gemeint?

① Grandpa is in the _____ .

② Our cat is in the _____ .

③ Grandma is in the _____ .

④ Dad and Tim are in the _____ .

⑤ Lisa, Paul and uncle Will are _____ .

Heinz Wagner: Praxisbuch Englischunterricht
© Auer Verlag GmbH, Donauwörth

NAME   DATUM

7. In welchem Zimmer/Raum passieren diese Dinge? Schreibe auf.

①

_____

②

_____

③

_____

④

_____

⑤

_____

⑥

_____

⑦

_____

⑧

_____

⑨

_____

⑩

_____

NAME   DATUM

Heinz Wagner: Praxisbuch Englischunterricht
© Auer Verlag GmbH, Donauwörth

ME-BOOK

Stick on a photo or draw in.

This is my house

This is my room

My dream

My favourite hometown

My favourite words: _____

_____

_____

_____

_____

NAME   DATUM

SELBSTEINSCHÄTZUNG

Das kann ich in Englisch.

So schätze ich mich ein …

	☺	😐	☹
Ich verstehe, wenn mich jemand fragt, ob er helfen kann.			
Ich verstehe, wenn jemand fragt, wie teuer etwas ist.			
Ich verstehe, wenn mir jemand einen Preis nennt.			
Ich verstehe die Mengenangaben.			
Ich kann verstehen, was ich holen soll.			
Ich kann einen Verkäufer um Hilfe bitten.			
Ich kann sagen, was ich gerne kaufen möchte.			
Ich kann eine Einkaufssituation in einem Rollenspiel nachspielen.			
Ich kann nach dem Preis fragen.			
Ich kann Bildern von Obst und Gemüse die englischen Wörter zuordnen.			
Ich kann die englischen Wörter rund ums Einkaufen schreiben.			
Ich kann eine Einkaufsliste erstellen.			
Ich kann die englischen Wörter zum Einkaufen lesen und verstehen.			
Ich kann das Lied _____ singen.			
Ich kann die Story _____ verstehen.			
Ich kann den Reim/das Gedicht _____ aufsagen.			

Besonders gefallen hat mir: _____

_____

Das fällt mir noch schwer: _____

_____

_____

NAME   DATUM

Heinz Wagner: Praxisbuch Englischunterricht
© Auer Verlag GmbH, Donauwörth

1. Verbinde die deutschen Sätze mit den richtigen englischen Sätzen.

① Kann ich bitte vier Äpfel bekommen.

② Ich möchte gern ein halbes Kilogramm Pflaumen kaufen.

③ Ich hätte gern 2 Pfund Kirschen.

④ Was kosten die Tomaten?

⑤ Was muss ich bezahlen?

Can I have two pounds of cherries, please.

What do I have to pay?

How much are the tomatoes?

I'd like to have half a pound of plums.

Can I get four apples, please?

2. Welche Einkaufs- und Gemüse-Wörter findest du hier?

t	z	j	n	a	x	w	z	u	l	o	p
q	y	p	x	c	a	v	b	f	g	h	l
s	h	o	p	p	i	n	g	l	i	s	t
h	i	t	z	r	f	g	n	i	m	u	o
o	k	a	q	c	u	g	u	h	a	j	m
p	n	t	f	a	k	p	f	k	r	l	a
h	s	o	s	r	z	t	v	j	k	m	t
s	u	p	e	r	m	a	r	k	e	t	o
c	m	i	h	o	o	x	b	o	t	n	c
y	b	n	l	t	e	b	c	g	x	g	t

Waagerecht: _____

_____

Senkrecht: _____

_____

Zwei davon kommen doppelt vor.

Schreibe sie auf: ① _____ ② _____

NAME   DATUM

3. Was ist alles im Einkaufskorb?

Tipp: Achte auf is und are!

There's a _____ in the basket.

There's a _____ in the basket.

There's a _____ in the basket.

There's a _____ in the basket.

There are _____ in the basket.

There are _____ in the basket.

4. Beim Einkaufen oder Bestellen: Was hättest du gerne?

Setze ein: *glass of, box of, bottle of, cup of, pot of*

Beispiel: I want a box of sweets.

① I want a _____ tea.

② I want a _____ biscuits.

③ I want a _____ eggs.

④ I want a _____ tea.

⑤ I want a _____ water.

⑥ I want a _____ milk.

⑦ I want a _____ coffee.

⑧ I want a _____ orange juice.

Heinz Wagner: Praxisbuch Englischunterricht

5. Welche Spielsachen (toys) gehören zu welchem Wort? Verbinde.

doll – teddy bear – ball – puzzle – computer game – scooter – racing car

  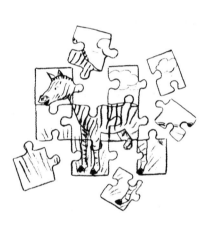

6. Bilde einen Satz mit den folgenden Wörtern:

① shop: _____

② market: _____

③ money: _____

④ buy: _____

⑤ pay: _____

⑥ penny: _____

NAME   DATUM

7. Verbinde Münzen und Geldschein mit der jeweils richtigen Wertangabe.

five pence – one pound – one penny – two pence –

twenty pence – fifty pence – five pounds – ten pence

8. Übersetze ins Englische.

① Ich suche Birnen. _____

② Haben Sie drei Pfund Kartoffeln? _____

③ Wie viel kostet das? _____

④ Das ist mir zu teuer. _____

⑤ Das ist billig. _____

⑥ Was muss ich zahlen? _____

NAME   DATUM

Heinz Wagner: Praxisbuch Englischunterricht
© Auer Verlag GmbH, Donauwörth

ME-BOOK

Stick on a photo or draw in.

At the market

Write down.

My shopping list

My favourite words: _____

_____

_____

NAME   DATUM

Das kann ich in Englisch.

So schätze ich mich ein …	😊	😐	🙁
Ich verstehe, wenn mir jemand etwas über seine Hobbys erzählt.			
Ich verstehe, wenn mich jemand nach meinen Hobbys fragt.			
Ich verstehe, wenn mich jemand fragt, ob ich … kann.			
Ich verstehe, wenn mich jemand zum Spielen auffordert.			
Ich kann sagen, welche Sportart ich mag/nicht mag.			
Ich kann sagen, welche Sportart ich kann/nicht kann.			
Ich kann sagen, was ich am liebsten mache.			
Ich kann sagen, was jemand spielt.			
Ich kann zum Spielen auffordern.			
Ich kann fragen, ob jemand … spielen kann.			
Ich kann fragen, welches Hobby jemand hat.			
Ich kann die englischen Wörter für Sportarten und Hobbys lesen und verstehen.			
Ich kann englische Wörter den Bildern zuordnen.			
Ich kann eine Klassenübersicht unserer Hobbys schreiben.			
Ich kann das Lied _____ singen.			
Ich kann die Story _____ verstehen.			
Ich kann den Reim/das Gedicht _____ aufsagen.			

Besonders gefallen hat mir: _____

_____

Das fällt mir noch schwer: _____

_____

NAME   DATUM

Heinz Wagner: Praxisbuch Englischunterricht
© Auer Verl. GmbH Donauwörth

1. Welche Sportarten und Spiele sind gemeint?

① Schreibe die Buchstaben in den Kreis.

Ⓐ basketball Ⓑ table tennis Ⓒ hopscotch Ⓓ football Ⓔ board games
Ⓕ hide-and-seek Ⓖ tennis Ⓗ hockey Ⓘ card games

② Diese Spiele/Sportarten bleiben übrig: _____

_____

③ Sie bedeuten auf Deutsch: _____

_____

2. Welche Sportarten haben sich hier versteckt? Findest du alle neun? Schreibe sie auf.

b	z	o	c	r	i	c	k	e	t
a	l	f	d	i	x	y	l	j	p
d	u	i	o	d	t	r	w	e	s
m	q	a	s	i	g	h	c	x	w
i	y	m	j	n	i	k	l	h	i
n	u	r	u	g	b	y	g	f	m
t	e	n	n	i	s	p	q	u	m
o	b	a	s	e	b	a	l	l	i
n	d	h	o	c	k	e	y	f	n
a	i	s	k	a	t	i	n	g	g

Waagerecht: _____

_____

Senkrecht: _____

_____

NAME _____ DATUM _____

3. Was sind deine Hobbys?

Beispiel: What's your hobby? It's <u>tennis</u>. I like <u>tennis</u> best.

What's your hobby?

① It's _____ .

② It's _____ .

③ It's _____ . I like _____ best.

4. Was spielst du, was spielst du nicht?

Beispiel: I play football. I don't play rugby.

① I play _____ . I don't play _____ .

② I play _____ . I don't play _____ .

③ I _____ . I _____ .

5. Kannst du diese Sportarten/dieses Hobby?
Antworte mit: *Yes, I can* oder *No, I can't*.

Beispiel: Can you play table tennis? Yes, I can.
Can you play football? No, I can't.

① Can you play rugby? _____

② Can you play volleyball? _____

③ Can you play badminton? _____

④ Can you play computer games? _____

⑤ Can you play the violin? _____

NAME   DATUM

Heinz Wagner: Praxisbuch Englischunterricht
© Auer Verlag GmbH, Donauwörth

6. Wer spielt was?
Setze ein: *she's* **oder** *he's.*

Beispiel: Sabrina is a rugby player. <u>She's</u> a rugby player.
Paul is a cricket player. <u>He's</u> a cricket player.

① Tim is a _____. _____'s a _____.

② Peter is a _____. _____'s a _____.

③ Sarah is a _____. _____'s a _____.

④ Lucy is a _____. _____'s a _____.

⑤ Sandra is a _____. _____'s a _____.

7. Was sollen wir spielen?
Setze ein: *Let's play* **oder** *Let's go.*

Beispiel: Let's play volleyball.
Let's go mountain biking.

① _____ basketball.

② _____ skiing.

③ _____ running.

④ _____ badminton.

NAME   DATUM

8. Welche Hobbys haben diese Kinder?
   Setze ein: *ride, play basketball, bike, read, sing, dance, cook, climb.*

Beispiel: John likes to <u>scate</u> with his inliners.

① Nelly likes to _____ .

⑤ William likes to _____ .

② Daniel likes to _____ .

⑥ Peter likes to _____ .

③ Paul likes to _____ .

⑦ Verena likes to _____ .

④ Kim likes to _____ .

⑧ Susan likes to _____ .

NAME   DATUM

Heinz Wagner: Praxisbuch Englischunterricht
© Auer Verlag GmbH, Donauwörth

ME-BOOK

Stick on a photo or draw in.

My favourite hobby

My favourite sport

This is the way I stay fit

My favourite words: _____

_____

_____

_____

_____

NAME   DATUM

Das kann ich in Englisch.

So schätze ich mich ein …	☺	☹	☹
Ich verstehe, wenn mich jemand nach dem Weg fragt.			
Ich verstehe, wenn mich jemand fragt, wo eine bestimmte Sehenswürdigkeit ist.			
Ich verstehe, wenn mir jemand von den Ferien erzählt.			
Ich verstehe, womit jemand verreist (z.B. Auto, Bus, Zug, …).			
Ich kann fragen, wo etwas ist.			
Ich kann sagen, wohin jemand gehen muss.			
Ich kann sagen, was ich gerne sehen möchte.			
Ich kann sagen, wie ich gerne verreise.			
Ich kann Landschaften benennen.			
Ich kann eine Postkarte schreiben.			
Ich kann die englischen Wörter für Urlaub, Ferien und Reisen lesen und verstehen.			
Ich kann englische Wörter den Bildern zuordnen.			
Ich kann zu den Bildern die richtigen Wörter schreiben.			
Ich kenne Sehenswürdigkeiten in England.			
Ich kann das Lied _____ singen.			
Ich kann die Story _____ verstehen.			
Ich kann den Reim/das Gedicht _____ aufsagen.			

Besonders gefallen hat mir: _____

_____

Das fällt mir noch schwer: _____

_____

NAME   DATUM

Heinz Wagner: Praxisbuch Englischunterricht
© Auer Verlag GmbH, Donauwörth

1. Welche Transportmittel passen zu welchem Wort? Verbinde Wort und Bild.

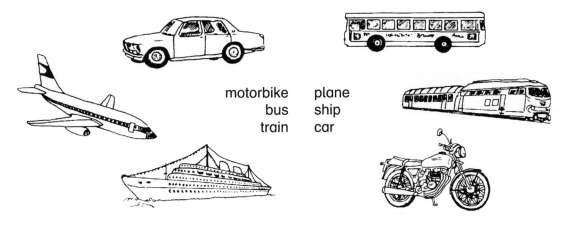

motorbike   plane
bus   ship
train   car

2. Womit möchtest du in diese Länder Europas reisen?

Beispiel: I like to go to Italy by car.

France – Spain – Greece – Poland – England – Norway

① I like to go to _____ by _____ .

② I like to go to _____ by _____ .

③ I like to go to _____ by _____ .

④ I like to go to _____ by _____ .

⑤ I like to go to _____ by _____ .

⑥ I like _____ .

3. Fahren die Fahrzeuge nach links oder rechts?

① Setze ein: *left* or *right*.
② Schreibe den Namen auf Englisch dazu.

_____   _____   _____

_____   _____   _____

NAME _____   DATUM _____

4. Hier haben sich acht Wörter versteckt, die mit Ferien und Urlaubslandschaften zu tun haben. Findest du sie?
Schreibe sie auf.

p	v	n	i	s	p	o	q
e	b	m	k	e	r	w	l
z	t	b	e	a	c	h	a
p	i	x	c	b	v	i	k
a	k	p	i	j	f	l	e
r	i	v	e	r	g	l	h
k	h	o	l	i	d	a	y
m	o	u	n	t	a	i	n

Waagerecht: _____

_____

Senkrecht: _____

5. Welche Sehenswürdigkeiten, Personen oder Dinge findest du in England?

① Kreuze an.

☐    ☐    ☐

☐    ☐    ☐

② Was gibt es nicht in England?

_____

6. Verbinde Bilder und Wörter.

knight   princess   king   queen   prince

7. Wenn du in London wärest:

① Wen würdest du gern von der
Royal Family sehen?
Beispiel: I'd like to see the queen.

I'd like to see _____ .

I'd like to see _____ .

I'd like _____ .

I'd _____ .

_____ .

② Wohin würdest du gern gehen?
*Beispiel: I'd like to go to
Westminster Abbey.*

I'd like to go to _____ .

I'd like to go to _____ .

I'd like _____ .

I'd _____ .

_____ .

8. Hier ist etwas verdreht. Welche Wörter erkennst du?
Schreibe sie auf.
Tipp: Sie haben alle mit Märchen zu tun.

① eltsac   ② rewot   ③ tsohg   ④ drows   ⑤ neeuq   ⑥ gnik   ⑦ ssecnirp

_____

_____

NAME _____   DATUM _____

Heinz Wagner: Praxisbuch Englischunterricht
© Auer Verlag GmbH, Donauwörth

9. Verbinde den Ländernamen mit dem dazugehörenden Adjektiv (Wiewort).

Italy	German
Spain	English
Poland	Irish
Germany	Italian
Turkey	French
Russia	Polish
France	Turkish
Ireland	Spanish
England	Russian

10. Aus welchem Land kommen die Kinder?

Beispiel:
Great Britain ⇨ *Mary: I come from Great Britain. I'm British.*

 Germany ⇨ Hans: _____. _____.

 Turkey ⇨ Ugur: _____. _____.

 Italy ⇨ Alberto: _____. _____.

 Spain ⇨ José: _____. _____.

 France ⇨ Madeleine: _____. _____.

 Russia ⇨ Ivana: _____. _____.

NAME   DATUM

Heinz Wagner: Praxisbuch Englischunterricht
© Auer Verlag GmbH, Donauwörth

ME-BOOK

Stick on a photo or draw in.

My most wonderful holiday trip

My favourite sightseeing in England

This is the way I like travelling most

My favourite words: _____

_____

NAME

DATUM

Name: _____

Klasse: _____

Lernziele	Zeigen sich in diesem Verhalten	Beobachtungen (mit Datum)	Förderansätze	Leistungsstufen A	B	C	D
Hörverständnis	– Schnelligkeit der Handlung – Gesichtsausdruck – Zeigen/Zeichnen von Bildern						
Vorlesen	– lautliche Artikulation – Intonation						
Leseverständnis	– Ankreuzen von Verständnisfragen – Zuordnen von Wörtern zu Bildern						
Kommunikatives Schreiben	– Verwendung geeigneter Satzbausteine (z.B. Einladung)						
Rechtschreibung	– Wörter abschreiben können – Wörter richtig in einen Text einsetzen können						
Sprachproduktion	– Bereitschaft zum Sprechen – Fähigkeit eigenständig zu fragen, zu antworten, sich zu artikulieren …						
Lerntechniken	– Arbeit mit Freiarbeitmaterial – Nutzen von Memoriertechniken (Gesten, Bilder …) – Arbeit mit Wörtebuch, Wörterbox, Me-Book …						
Interessen	– Mitbringen von Realmaterialien aus England, USA … – Fragen nach kulturellen Besonderheiten und Unterschieden						

Leistungsstufe A:

- … kann nach dem Hören eines englischen Textes Detailinformationen in Deutsch wiedergeben.
- … kann Gehörtes sofort in Gestik und Handlung/Zeichnung umsetzen.
- … zeichnet beim Maldiktat detailgetreu die Anweisungen, die er/sie in der englischen Sprache gehört hat.
- … kann die entsprechenden Bilder einer gehörten Story ohne Probleme in die richtige Reihenfolge bringen.
- … kann problemlos Verständnisfragen zu Gehörtem beantworten.
- … kann ohne Mühe Gehörtes in einem Spiel/Rollenspiel darstellen.
- … kann sich mühelos die Bedeutung unbekannter Wörter aus dem Zusammenhang erschließen.
- … ist fähig, authentische Texte hörend korrekt zu verstehen und wiederzugeben.
- … kann Bildkarten nach gesprochenen Angaben mühelos identifizieren.

Leistungsstufe B:

… kann oft, kann meist ohne Probleme, kann …, erfasst in der Regel ganzheitlich, ist dazu in der Lage …

Leistungsstufe C:

… kann die grobe Bedeutung …, kann mehr und mehr …, überwiegend richtig, ist mehr und mehr dazu in der Lage …, kann mit Hilfestellungen …, kann mit Unterstützung durch die Lehrkraft …, ist zunehmend fähig …

Leistungsstufe D:

… hat noch Probleme …, hat Mühe …, hat Schwierigkeiten …, kann nur mit großer Anstrengung …, kann noch nicht …, bemüht sich …, ist kaum fähig …

Leistungsstufe A:

- … kann mühelos Wortkarten den richtigen Bildern zuordnen.
- … kann ohne Schwierigkeiten die richtige Lösung eines Textes ankreuzen.
- … erkennt gelernte Wörter und Satzbausteine im geschriebenen Text sicher.
- … kann kurze Sätze und Texte lesend vortragen.
- … kann schriftliche Anweisungen ohne Hilfe erfassen und korrekt ausführen.
- … ist in der Lage, gelesene Wörter und kurze Sätze im Deutschen richtig wiederzugeben.
- … kann problemlos Fragen zu Gelesenem beantworten.
- … erkennt mühelos Ähnlichkeiten zwischen englischen und deutschen Wörtern.

Leistungsstufe B:

Weglassen der Wörter „mühelos", „ohne Probleme", „problemlos", „sicher", erkennt …, kann …, ist in der Lage …

Leistungsstufe C:

… erkennt immer mehr …, kann zunehmend …, kann nun häufiger …, kann mit Hilfe …, kann mit Unterstützung …, kann nach häufiger Wiederholung …, ist zunehmend in der Lage …

Leistungsstufe D:

… erkennt noch kaum …, benötigt besondere Hilfestellung …, kann kaum …, kann noch nicht …, ist begrenzt in der Lage …, hat noch Schwierigkeiten …, benötigt noch (sehr) viel Übung …

Aussprache und Intonation, Wortschatz, Grammatik und Sprachfunktion

Leistungsstufe A:

- … kann vorgesprochene englische Wörter sicher nachsprechen und beherrscht den gelernten Wortschatz.
- … kann die erarbeiteten grammatikalischen Strukturen erkennen, verstehen und sicher anwenden.
- … erlernt sehr schnell den englischen Wortschatz der einzelnen Themenbereiche.
- Grammatische Strukturen erfasst … rasch und kann sie im Sprachhandeln gekonnt anwenden.
- Die gelernten Redewendungen kann … sehr sicher anwenden.
- … kann besonders lautgetreu englische Wörter und Sätze nachsprechen.
- … kann sich problemlos in vertrauten Gesprächssituationen verständigen.
- … verfügt über einen so ausgeprägten Wortschatz, dass er/sie Vorlieben oder Abneigungen ausdrücken, Wünsche bekunden und Glückwünsche äußern kann.
- … kann in der Fremdsprache einfache Fragen stellen und beantworten.
- … kann in der Fremdsprache mühelos Kontakt aufnehmen.
- Englische Sprachmuster kann … ohne Probleme wiedergeben und imitieren.
- Sprachelemente und ihre Regelhaftigkeit erkennt … mühelos.
- … nutzt geschickt Methoden und Strategien, um Wörter abzuleiten oder Sprachsituationen zu bewältigen.
- … ist in der Lage Arbeitstechniken anzuwenden, um seinen/ihren Wortschatz zu erweitern und sich das Wortmaterial dauerhaft einzuprägen.

Leistungsstufe B:

Weglassen des Wortes „sehr", kann …, meist …, überwiegend, erkennt …, in der Regel, ist mehr und mehr in der Lage …, nutzt …

Leistungsstufe C:

… kann zunehmend (sicherer) …, versteht nun mehr …, lernt immer mehr …, kann zunehmend einfache Fragen stellen und beantworten, kann … mit Hilfestellungen …, ist noch zurückhaltend …, gelingt zunehmend besser …, fällt nicht immer leicht …, ist bestrebt …, bemüht sich …

Leistungsstufe D:

… hat Hemmungen, hat Schwierigkeiten, hat Probleme, traut sich nicht, erfasst kaum, kann sehr selten, ist kaum in der Lage, ist bemüht, verfügt über einen geringen Wortschatz, ist noch zu gehemmt, erkennt kaum/noch nicht, muss immer wieder ermuntert und aufgefordert werden …

Leistungsstufe A:

- … ist in der Lage, Lücken innerhalb eines Textes mit dem richtigen Wort auszufüllen.
- … kann problemlos Wörter und kurze Sätze abschreiben.
- … bereitet es Freude, selbstständig kurze Sätze in Englisch zu schreiben und sich mitzuteilen.
- … macht es Spaß, Grußkarten in englischer Sprache zu verfassen.
- … kann die Wörter des Grundwortschatzes fehlerfrei nach Diktat schreiben.
- Es fällt … leicht, sich die Wortstruktur englischer Wörter einzuprägen.
- … hat keinerlei Probleme, sich die Wortbilder des Grundwortschatzes zu merken.
- … erkennt sehr leicht die Wörter eines Themenbereiches in Kreuzrätseln, Purzelwörtern oder Wörterschlangen wieder.
- … kann mühelos fehlende Buchstaben in Brickwords einsetzen.

Leistungsstufe B:

… kann richtig abschreiben, ist zunehmend in der Lage …, bereitet es jetzt mehr Freude …, kann die meisten Wörter …, fällt es zunehmend leichter …, hat nur selten Mühe …, kann zunehmend …, erkennt überwiegend …

Leistungsstufe C:

… kann mit Unterstützung …, kann mit Hilfe …, entwickelt mehr und mehr Freude …, bemüht sich …, fällt es nicht immer leicht …, hat noch Probleme …, hat noch Schwierigkeiten …, kann nur mit Unterstützung …, kann nur mit Hilfestellungen …

Leistungsstufe D:

… kann nur mit erheblichem zeitlichen Aufwand …, ist noch nicht in der Lage …, verfasst aus eigenem Antrieb nicht/keine …, kann noch nicht …, erkennt noch nicht …, ist noch nicht fähig …, ist noch nicht in der Lage …

Leistungsstufe A:

- … zeigt sich sehr aufgeschlossen gegenüber kulturellen Besonderheiten in den englischsprachigen Ländern.
- … interessiert sich sehr für die Bräuche und Sitten in England/in den USA.
- … hat große Freude am Erlernen der englischen Sprache und interessiert sich sehr für deren Besonderheiten.
- Die Lebenswelt englischsprachiger Länder ist für … von großem Interesse.
- … ist von englischsprachigen Bilderbüchern sehr begeistert und interessiert sich sehr für englische Kinderlieder und -reime.
- … bringt eigene Erlebnisse und Erfahrungen aus seinem/ihrem Herkunftsland in den Unterricht ein.
- … begegnet der Fremdsprache Englisch und der fremden Lebenswelt sehr offen.
- Authentischen Materialien aus dem englischsprachigen Raum begegnet … mit Neugier und Interesse.
- … hat großes Interesse, englische Wörter und Wendungen in der deutschen Sprache zu finden.

Leistungsstufe B:

Weglassen der Wörter „sehr" und „groß", hat Freude …, zeigt Freude, ist offen gegenüber …, zeigt sich aufgeschlossen …

Leistungsstufe C:

… zeigt sich mehr und mehr …, interessiert sich zunehmend …, entwickelt mehr …, begegnet zunehmend …

Leistungsstufe D:

… zeigt nur geringes …, interessiert sich kaum …, hat wenig Freude …, ist für … von geringem Interesse, ist kaum zu begeistern, steht … skeptisch gegenüber, ist wenig zugänglich …

LERNSTANDSERHEBUNG

1. Zeichne diese Kleidungsstücke.

skirt

scarf

2. Wie heißen diese Kleidungsstücke? Kannst du die Namen aufschreiben?

   _____

   _____

3. Welches Wort passt nicht in die Reihe? Streiche es durch.

coat, anorak, school bag, cap

pear, gloves, dress, jeans

socks, skirt, shirt, tree

pullover, shoes, tea, sweater

4. Kannst du die Kleidungsstücke richtig zuordnen?

1. headband	a. Schuhe	5. gloves	e. Stirnband
2. skirt	b. Jacke	6. dress	f. Handschuhe
3. shoes	c. Kleid	7. scarf	g. Rock
4. woolly hat	d. Schal	8. jacket	h. Mütze

Beispiel: 1e: headband = Stirnband

_____

_____

5. Welche englische Übersetzung ist richtig? Kreuze an.

Ich habe eine orangefarbene Mütze und braune Stiefel.

☐ My scarf is orange and my wooly hat is blue.

☐ My boots are brown and my woolly hat is orange.

☐ My woolly hat is brown and my boots are orange.

NAME   DATUM

6. Verbinde das Bild mit dem passenden Wort.

leg   foot   toe   shoulder   knee

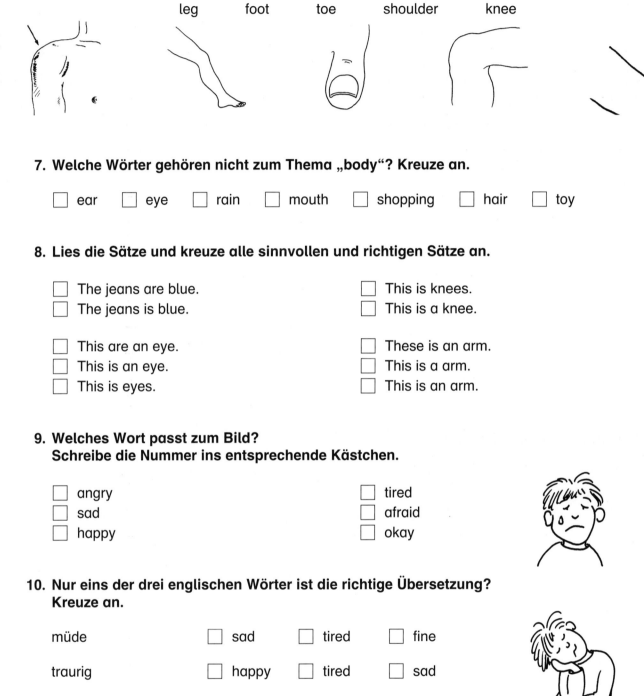

7. Welche Wörter gehören nicht zum Thema „body"? Kreuze an.

☐ ear   ☐ eye   ☐ rain   ☐ mouth   ☐ shopping   ☐ hair   ☐ toy

8. Lies die Sätze und kreuze alle sinnvollen und richtigen Sätze an.

☐ The jeans are blue.
☐ The jeans is blue.

☐ This is knees.
☐ This is a knee.

☐ This are an eye.
☐ This is an eye.
☐ This is eyes.

☐ These is an arm.
☐ This is a arm.
☐ This is an arm.

9. Welches Wort passt zum Bild?
Schreibe die Nummer ins entsprechende Kästchen.

☐ angry
☐ sad
☐ happy

☐ tired
☐ afraid
☐ okay

10. Nur eins der drei englischen Wörter ist die richtige Übersetzung?
Kreuze an.

müde	☐ sad	☐ tired	☐ fine
traurig	☐ happy	☐ tired	☐ sad
ärgerlich	☐ angry	☐ afraid	☐ not fine

NAME   DATUM

Blanko-Vorlage Bingo

Wörterliste

Themenbereich Körper

body	head	eye
ear	nose	mouth
arm	hand	finger

foot	leg	neck
face	shoulder	toe
lip	knee	belly-button

Themenbereich Kleidung

pullover	jeans	skirt
T-shirt	shoes	cap
socks	sweat- shirt	hat

Themenbereich Befinden

happy	okay	sad
tired	fine	sick
good	bad	angry

BINGO

Themenbereich Essen und Trinken

sandwich	butter	ham
egg	ice cream	milk
tea	water	bread

plate	knife	cup
fork	spoon	glass
pot	juice	breakfast

Themenbereich Familie und Freunde

brother	sister	mother
father	friend	uncle
aunt	man	woman

Themenbereich Schule

pupil	boy	girl
teacher	class	school
morning	afternoon	night

glue	exercise book	pen
pencil	rubber	ruler
pair of scissors	sharpener	chalk

Themenbereich Schule (Farben)

blue	red	yellow
white	black	green
brown	orange	pink

Themenbereich Schule (Wochentage, Zeitangaben)

Monday	Tuesday	Wednesday
Thursday	Friday	Saturday
Sunday	tomorrow	yesterday

Themenbereich Natur

cat	dog	bird
fish	mouse	cow
pig	lion	bear

wind	rain	sun
fog	cloud	snow
moon	star	hail

cold	warm	hot
winter	summer	spring
autumn	ice	rainbow

Themenbereich Brauchtum/Feste im Jahreskreis (Monatsnamen)

January	February	March
April	May	June
July	August	September
October	November	December

Themenbereich Haus und Wohnung

house	room	window
door	chair	table
bed	garden	roof

Themenbereich Einkaufen (Obst)

apple	orange	banana
plum	grapes	lemon
peach	cherry	fruit

Themenbereich Einkaufen (Geld)

money	bottle	box
pound	penny	dollar
pence	cheap	expensive

Themenbereich Freizeit (Sport, Hobbys)

football	player	mountain bike
tennis	table tennis	baseball
skating	swimming	riding

Themenbereich Reiseland England

left	right	holidays
sea	beach	lake
park	river	mountain

car	bus	train
plane	ship	ferry
bike	map	suitcase

sandwich	butter	ham
egg	ice cream	milk
tea	water	bread

plate	knife	cup
fork	spoon	glass
pot	juice	breakfast

Blanko-Vorlage Domino

Start					
					End

Start					
					End

Wörterliste

Themenbereich Körper

Start	body		head		eye
	ear		nose		mouth
	hair		arm		hand
	finger		leg		foot
	tongue		face		shoulder
	toe		lips		**End**

Themenbereich Körper

Start	body	Körper	head	Kopf	eye
Auge	ear	Ohr	nose	Nase	mouth
Mund	hair	Haare	arm	Arm	hand
Hand	finger	Finger	leg	Bein	foot
Fuß	tongue	Zunge	face	Gesicht	shoulder
Schulter	toe	Zehe	lips	Lippen	**End**

Themenbereich Kleidung

Start	T- shirt		pullover		jeans
	skirt		shoes		cap
	socks		shorts		sweater
	anorak		hat		jacket
	dress		scarf		coat
	gloves		shirt		**End**

Themenbereich Kleidung

Start	T- shirt	T – Shirt	pullover	Pulli	jeans
Jeans	skirt	Rock	shoes	Schuhe	cap
Mütze	socks	Socken	shorts	kurze Hose	sweater
Sweat-Shirt	anorak	Anorak	hat	Hut	jacket
Jacke	dress	Kleid	scarf	Schal	coat
Mantel	gloves	Handschuhe	shirt	Hemd	**End**

Themenbereich Befinden

Start	happy		unhappy		sad
	angry		tired		bored
	okay		fine		sick
	lonely		good		bad
	ill		well		cold
	fever		doctor		**End**

Themenbereich Befinden

Start	happy	glücklich	unhappy	unglücklich	sad
traurig	tired	müde	angry	ärgerlich	bored
gelangweilt	lonely	einsam	ok	in Ordnung	sick
krank	good	gut	bad	schlecht	ill
krank	well	gut	fine	gut	cold
Erkältung	fever	Fieber	doctor	Arzt	**End**

Themenbereich Essen und Trinken

Start	sandwich		butter		ham
	egg		ice cream		milk
	tea		water		bread
	meat		toast		chicken
	cheese		soup		sugar
	honey		salt		**End**

Themenbereich Essen und Trinken

Start	sandwich	Sandwich	butter	Butter	ham
Schinken	egg	Ei	ice cream	Eis	milk
Milch	tea	Tee	water	Wasser	bread
Brot	meat	Fleisch	toast	Toast	chicken
Hühnchen	cheese	Käse	soup	Suppe	sugar
Zucker	honey	Honig	salt	Salz	**End**

Themenbereich Familie und Freunde

Start	mother		father		family
	brother		sister		aunt
	uncle		grandmother		grandfather
	parents		baby		man
	woman		cousin		friend
	young		old		**End**

Themenbereich Familie und Freunde

Start	mother	Mutter	father	Vater	family
Familie	brother	Bruder	sister	Schwester	aunt
Tante	uncle	Onkel	grandmother	Großmutter	grandfather
Großvater	parents	Eltern	baby	Baby	man
Mann	woman	Frau	cousin	Cousin	friend
Freund	young	jung	old	alt	**End**

Themenbereich Schule

Start	teacher		boy		girl
	pupil		class		school
	morning		night		afternoon
	song		word		letter
	glue		rubber		ruler
	up		down		**End**

Themenbereich Schule

Start	teacher	Lehrer	boy	Junge	girl
Mädchen	pupil	Schüler	class	Klasse	school
Schule	morning	Morgen	night	Nacht	afternoon
Nachmittag	song	Lied	word	Wort	letter
Buchstabe	glue	Kleber	rubber	Radiergummi	ruler
Lineal	up	aufwärts	down	abwärts	**End**

Themenbereich Schule

Start	book		computer		pen
	pencil		school bag		pencil case
	picture		red		blue
	green		yellow		white
	black		brown		pink
	orange		grey		**End**

Themenbereich Schule

Start	book	Buch	computer	Computer	pen
Füller	pencil	Stift	school bag	Schultasche	pencil case
Federtasche	picture	Bild	red	rot	blue
blau	green	grün	yellow	gelb	white
weiß	black	schwarz	brown	braun	pink
pink	orange	orange	grey	grau	**End**

Themenbereich Wochentage und Monatsnamen

Start	Monday		Tuesday		Wednesday
	Thursday		Friday		Saturday
	Sunday		January		February
	March		April		May
	June		July		August
	September		October		**End**

Themenbereich Wochentage und Monatsnamen

Start	Monday	Montag	Tuesday	Dienstag	Wednesday
Mittwoch	Thursday	Donnerstag	Friday	Freitag	Saturday
Samstag	Sunday	Sonntag	January	Januar	February
Februar	March	März	April	April	May
Mai	June	Juni	July	Juli	August
August	September	September	October	Oktober	**End**

Themenbereich Natur

Start	sun		moon		star
	flower		tree		grass
	cat		dog		bird
	fish		mouse		cow
	pig		lion		bear
	rabbit		horse		**End**

Themenbereich Natur

Start	sun	Sonne	moon	Mond	star
Stern	flower	Blume	tree	Baum	grass
Gras	cat	Katze	dog	Hund	bird
Vogel	fish	Fisch	mouse	Maus	cow
Kuh	pig	Schwein	lion	Löwe	bear
Bär	rabbit	Hase	horse	Pferd	**End**

Themenbereich Natur

Start	sheep		duck		hen
	spider		fly		butterfly
	caterpillar		jungle		sea
	tiger		elephant		monkey
	snake		seal		dolphin
	shark		penguin		**End**

Themenbereich Natur

Start	sheep	Schaf	duck	Ente	hen
Henne	spider	Spinne	fly	Fliege	butterfly
Schmetterling	caterpillar	Raupe	jungle	Dschungel	sea
Meer	tiger	Tiger	elephant	Elefant	monkey
Affe	snake	Schlange	seal	Seehund	dolphin
Delphin	shark	Hai	penguin	Pinguin	**End**

Themenbereich Natur (Wetter und Jahreszeiten)

Start	wind		rain		sun
	fog		cloud		snow
	sky		planet		winter
	spring		summer		autumn
	rainbow		shower		cold
	warm		hot		**End**

Themenbereich Natur (Wetter und Jahreszeiten)

Start	wind	Wind	rain	Regen	sun
Sonne	fog	Nebel	cloud	Wolke	snow
Schnee	sky	Himmel	planet	Planet	winter
Winter	spring	Frühjahr	summer	Sommer	autumn
Herbst	rainbow	Regenbogen	shower	Schauer	cold
kalt	warm	warm	hot	heiß	**End**

Themenbereich Haus und Wohnung

Start	house		bathroom		room
	window		door		chair
	table		bed		garden
	chimney		roof		bedroom
	kitchen		garage		lamp
	television		fridge		**End**

Themenbereich Haus und Wohnung

Start	house	Haus	bathroom	Badezimmer	room
Zimmer	window	Fenster	door	Türe	chair
Stuhl	table	Tisch	bed	Bett	garden
Garten	chimney	Kamin	roof	Dach	bedroom
Schlafzimmer	kitchen	Küche	garage	Garage	lamp
Lampe	television	Fernseher	fridge	Kühlschrank	**End**

Themenbereich Einkaufen

Start	apple		orange		banana
	shop		market		toy
	ball		money		bottle
	box		plum		lemon
	pear		tomato		carrots
	spaceship		helicopter		**End**

Themenbereich Einkaufen

Start	apple	Apfel	orange	Orange	banana
Banane	shop	Laden	market	Markt	toy
Spielzeug	ball	Ball	money	Geld	bottle
Flasche	box	Schachtel	plum	Pflaume	lemon
Zitrone	pear	Birne	tomato	Tomate	carrots
Karotten	spaceship	Raumschiff	helicopter	Hubschrauber	**End**

Themenbereich Freizeit (Sport, Hobby)

Start	football		player		mountain bike
	tennis		table tennis		cards
	baseball		cricket		basketball
	badminton		skating		swimming
	riding a bike		riding		dice
	computergame		running		**End**

Themenbereich Freizeit (Sport, Hobby)

Start	football	Fußball	player	Spieler	mountain bike
Mountain Bike	tennis	Tennis	table-tennis	Tischtennis	cards
Karten	baseball	Baseball	cricket	Cricket	basketball
Basketball	badminton	Badminton	skating	Rollschuh laufen	swimming
schwimmen	riding a bike	Fahrrad fahren	riding	reiten	dice
Würfel	computergame	Computerspiel	running	laufen	**End**

Themenbereich Reiseland England

Start					
	left		right		holidays
	beach		sea		lake
	park		river		hill
	mountain		car		bus
	train		plane		ship
	airport		station		**End**

Themenbereich Reiseland England

Start	left	links	right	rechts	holidays
Ferien	beach	Strand	sea	Meer	lake
See	park	Park	river	Fluss	hill
Hügel	mountain	Berg	car	Auto	bus
Bus	train	Zug	plane	Flugzeug	ship
Schiff	airport	Flughafen	station	Bahnhof	**End**

Start	house		bathroom		room
	window		door		chair
	table		bed		garden
	chimney		roof		bedroom
	kitchen		garage		lamp
	television		fridge		**End**

Start	house	Haus	bathroom	Badezimmer	room
Zimmer	window	Fenster	door	Tür	chair
Stuhl	table	Tisch	bed	Bett	garden
Garten	chimney	Kamin	roof	Dach	bedroom
Schlafzimmer	kitchen	Küche	garage	Garage	lamp
Lampe	television	Fernseher	fridge	Kühlschrank	**End**

A
a cup of
a glass of
afternoon
am
angry
animal
apple
April
are
arm
August
autumn

B
bad
bag
ball
banana
be
beach
bear
bed
behind
big
bird
birthday
black
blue
body
book
bottle
box
boy
breakfast
brother
brown
bus
butter
buy

C
call
can/can't
cap
car
cat
chair
Christmas
class
climb
cloud/cloudy

cold
colour
computer
cow
cup

D
dance
day
December
do
dog
door
down
draw
drink

E
ear
Easter
eat
egg
English
eye

F
fall
family
father
February
fine
finger
fish
flower
fly
fog/foggy
foot
football
Friday
friend
fruit

G
game
garden
German
girl
glass
go (by)
good
grass
green

H
hair
Halloween
ham
hand
happy
have
head
help
hill
holidays
homework
hot
house

I
ice cream
in (front of)
is

J
January
jeans
job
July
jump
June

K
knife
know

L
Lake
learn
left
leg
letter
like
lion
little
live
lunch

M
March
market
May
milk
Monday
money
month

moon
morning
mother
mountain(bike)
mouse
mouth

N
name
New Year
night
no
nose
not
November
number

O
October
okay
old
on
orange

P
park
pay
pen
pencil(case)
pet
picture
pig
plane
plate
play(er)
please
pullover

pupil
put on

R
rain/rainy
read
red
ride
right
river
room

S
sad
sandwich
Saturday
school(bag)
sea
September
ship
shoes
shop
sick
sing
sister
skirt
small
snow/snowy
socks
song
sorry
spring
star
story
summer
sun/sunny
Sunday
swim

T
table
take off
tall
tea
teacher
thank you
Thursday
tired
toy
train
tree
T-shirt
Tuesday

U
under
unhappy
up

V
Valentine('s Day)

W
warm
water
Wednesday
white
wind/windy
window
winter
word
write

Y
yellow
yes

PÄDAGOGISCHES LANDESINSTITUT BRANDENBURG (hrsg.): Meine Sprachenmappe. Berlin 2002. Wissenschaft & Technik Verlag

BAYERISCHES STAATSMINISTERIUM für Unterricht und Kultus: Konkretisierung des Lehrplans Fremdsprachen in der Grundschule – Englisch.
Anlage zum KMS IV.1–5 S 7402.17–4.31735

BRUNNER, I./SCHMIDINGER, E.: Gerecht beurteilen. Linz 2000. Veritas Verlag

EASLEY, S.-D./MITCHELL,K.: Arbeiten mit Portfolios. Mülheim an der Ruhr 2004. Verlag an der Ruhr

ERTELT, B.: In the picture. In: Grundschulmagazin Englisch 5/2004, S. 9–12

LEGUTKE, M.K./LORTZ, W. (Hrsg.): Mein Sprachenportfolio. Frankfurt am Main 2002. Verlag Moritz Diesterweg

MINDT, D. & SCHLÜTER, N.: Englisch in den Klassen 3 und 4. Berlin 2003. Cornelsen Verlag

MÖCKEL, I.: Formulierungshilfen für Fremdsprachen. In: Grupp, A. (Hrsg.): Formulierungshilfen für Schulberichte und Zeugnisse. Mühlacker 2004 (3. aktualisierte und erweiterte Auflage), S. 293–298. Medienwerkstatt Mühlacker Verlagsgesellschaft

REISENER, H.: Englisch üben im 3. Schuljahr Grundschule. Stuttgart 2002. Manz Verlag

REISENER, H.: Englisch üben im 4. Schuljahr Grundschule. Stuttgart 2003. Manz Verlag

STIER, K.: Duden Schülerhilfen Englisch 4. Klasse. Mannheim 2003. Dudenverlag

STIER, K.: Duden Schülerhilfen Englisch 3. Klasse. Mannheim 2003. Dudenverlag

WAAS, L./HAMM, W.: Englischunterricht in der Grundschule konkret. Donauwörth 2004. Auer Verlag

WINTER, F.: Leistungsbewertung. Baltmannsweiler 2004. Schneider Verlag Hohengehren

S. 11 bis 19 Body, clothes and feelings

1. eye, head, mouth, finger, arm, body, ear, nose, hair, foot, hand, leg

2. waagerecht: tongue, tooth, shoulder, teeth
   senkrecht: toe, neck, feet

3. waagrecht: eye, arm, hair, toe, shoulder
   senkrecht: head, ear, mouth, finger, nose

4. ① leg, ② hand, ③ tongue, ④ tooth, ⑤ knee, ⑥ body

5. ① nose, ② ears, ③ eyes, ④ mouth, ⑤ hair

6. body, mouth, head, eye, nose, hair, ear, arm, finger, leg, foot

7. mouth, eye, hand, finger, hair, head

8. ① ear/arm, ② leg, ③ eye, ④ foot/head, ⑤ body, ⑥ nose/ears/arms

9. ① angry, ② happy, ③ afraid, ④ sad, ⑤ tired

10. ① cap, ② sweater, ③ T-shirt, ④ a pair of jeans, ⑤ shorts, ⑥ shoes, ⑦ skirt, ⑧ dress

11. T-shirt, pullover, jeans, shoes, cap, socks

12. ① little, ② big, ③ sweater, ④ hat, ⑤ trousers, ⑥ skirt, ⑦ pullover, ⑧ jeans, ⑨ cap

13. waagerecht: sweatshirt, cap, coat, jeans, shoes, jacket, pullover, gloves
    senkrecht: skirt, dress, anorak, sweater, hat, socks

14. ① ball, ② chair, ③ apple, ④ desk, ⑤ three, ⑥ green

15. shoes, cap

16. waagrecht: cap, gloves, coat, trousers, skirt
    senkrecht: pullover, socks, shoes
    Lösungswort: VERY GOOD

17. ① one skirt ⇨ eight skirts, one shirt ⇨ six shirts, one pullover ⇨ three pullovers,
    one shoe ⇨ twelve shoes, one sock ⇨ four socks
    ② 5 T-shirts, 1 hat, 56 sweat-shirts, 1 scarf, 2 gloves, 7 anoraks

18. ① are, ② is, ③ are, ④ is, ⑤ is, ⑥ is, ⑦ are, ⑧ is

19. ① sad, ② unhappy, ③ tired, ④ fine, ⑤ sick, ⑥ good, ⑦ bad

20. no, yes, no

S. 22 bis 26 Food and drinks

1. durchstreichen: plate, tea, water, knife, a cup of coffee

2. knife, ice-cream, tea, milk

3. fruits, vegetables, fruits, vegetables, vegetables, fruits, fruits, fruits, fruits

4. ① to eat, ② cup, ③ breakfast, ④ glass, ⑤ milk, ⑥ honey, ⑦ to drink

5. ① water, milk, butter, ② ham, egg, ice-cream, ③ tea, to drink, to eat,
   ④ plate, knife, cup, ⑤ breakfast, meal, please

6. ham, egg, breakfast, honey, please

7. sandwich, a cup of, tea, ice – cream, ham, egg, water, plate, knife, please,
   breakfast, lunch, a glass of milk, butter, to eat, to drink

8. ① Paul's brother eats apple pie. ② Rita ist thirsty. She is drinking a glass of water.
   ③ At tea-time Tim's mother drinks a cup of tea. ④ Jim likes to eat bananas.

9. toast, chicken, cheese, soup, ketchup, sugar, salt, fork, spoon,
   bread, meat, juice, coffee, beer, pot, pan, teapot, pepper, honey, chicken

10./11. individuelle Antworten

12. ① Do, ② Do you, ③ Can, ④ Can you

13. right, wrong, right, right, right, right, wrong, right, right

14. ① sausages, ② salat, ③ pot, ④ pineapple, ⑤ fork, ⑥ cherries, ⑦ plate

S. 29 bis 34 Family and friends

1. ① brother, sister, mother, uncle ② father, friend, cousin, family ③ aunt, grandmother,
   grandfather, man and woman

2. ① sister father friend ② family, brother, mother

3. ① My name is Henry. ② I am nine years old. ③ He is my brother. ④ She is my sister.
   ⑤ Father and mother are my parents. ⑥ My uncle is 45 years old. ⑦ This is my grandmother.

4. Lösung: right

5. waagrecht: tall, small, sun, name, baby
   senkrecht: family, call, old, woman

6. ① she, ② she, ③ he, ④ he, ⑤ it, ⑥ she

7. individuelle Antworten

8. ① am, ② is, ③ is, ④ are, ⑤ is, ⑥ are, ⑦ is, ⑧ are, ⑨ am

9. Reihenfolge im Text: my, me, my, me, my, me, my, my, me, my

10. Reihenfolge von oben nach unten: talking, reading, singing, running, board-games, dancing

11. Reihenfolge imText: drinking, is, is, are, is writing, is reading, are listening

13. ① My name is Tony. ② I'm nine. ③ My brother's name is John. ④ My brother is ten years old.

14. ① wrong, ② wrong, ③ right, ④ ?, ⑤ right

15. ① baker, ② farmer, ③ painter, ④ pilot, ⑤ postman, ⑥ teacher

16. How are you?/Hello, Tom! I'm fine, thank you./Hello, Tim!

S. 38 bis 47 School

1. ① boy, ② girl, ③ pupils, ④ teacher, ⑤ school, ⑥ pencil case, ⑦ book, ⑧ computer, ⑨ pen, ⑩ pencil, ⑪ school bag

2. ① song, ② picture, ③ letter, ④ book

3. class, teacher, poster, desk, glue, rubber, ruler, bus, pupil, book, computer, school bag, map, paper, scissors

4. ① ruler, ② chair, ③ rubber, ④ scissors, ⑤ pencil case

5. ① yes, ② no, ③ no, ④ yes, ⑤ yes, ⑥ no

6. ① chair, ② blackboard, ③ pencil sharpener, ④ chalk, ⑤ door, ⑥ book

7. ① Take your pen. ② Open the window. ③ What day is it today? ④ Good morning boys and girls. ⑤ Let's sing a new song. ⑥ All the boys stand up. ⑦ Girls sit down please. ⑧ Can I have your exercise book, please ?

8. ① There are five school bags. ② There are two scissors. ③ There is five rulers. ④ There is one teacher. ⑤ There are four exercise books. ⑥ There is one paint box. ⑦ There are nine books. ⑧ There are two pens. ⑨ There is one paint brush. ⑩ There are three pupils.

9. ① The pencil is under the chair. The school bag is on the chair. The ruler is in the school bag. ② The pencil is behind the pencil case.

10. ① blue, red, yellow, ② green, white, black, ③ grey, pink, brown, orange

11./12. waagerecht: blue, yellow, grey, red, pink
senkrecht: brown, black, green, orange, white

13. schwarz, gelb, blau, grün, rot
grau, weiß, orange, rosa, braun

14. ① Yes, it is. ② Yes, it is. ③ No, it isn't. ④ Yes, it is. ⑤ No, it isn't.

15. ① yellow, ② red, ③ green, ④ orange, ⑤ grey

16. ① graues Pult ② weißes Haus mit blauer Tür ③ brauner Tisch, auf dem ein schwarzes Buch liegt
④ gelbe Sonne mit blauem Himmel, einen braunen Baum mit grünen Blättern

17. unterstreichen: ten, two, five, seven, four, six, eleven, three
einkreisen: white, red, purple, green, black, yellow, pink, grey

18. ① seven, ② eleven, ③ seven, ④ four, ⑤ one, ⑥ two

19. ① This is, ② These are, ③ This is, ④ These are, ⑤ These are, ⑥ This is,
⑦ These are, ⑧ This is

20. Friday, Monday, Thursday, Tuesday, Saturday, Sunday, Wednesday

21. Wednesday, Sunday, Friday, Saturday, Monday, Tuesday

22. ① Thursday, Monday, Saturday, Sunday

23. ① 6:00, ② 7:30, ③ 7:45, ④ 5:15, ⑤ 9:00, ⑥ 10:30, ⑦ 3:15, ⑧ 10:45

24. ① It's a quarter to two. – Es ist Viertel vor zwei.
② It's half past four. – Es ist halb fünf.
③ It's a quarter past seven. – Es ist Viertel nach sieben.
④ It's eight o'clock. – Es ist acht Uhr.

26. ① It's three o'clock. ② It's six o'clock. ③ It's half past twelve. ④ It's half past nine.
⑤ It's a quarter past eleven. ⑥ It's a quarter past eight. ⑦ It's a quarter to twelve.
⑧ It's a quarter to three.

S. 51 bis 58 Nature

1. ① pig, ② fish, ③ bird, ④ bear, ⑤ cat, ⑥ dog, ⑦ cow, ⑧ lion

2. frog = Frosch, sheep = Schaf, monkey = Affe, donkey = Esel, horse = Pferd, fly = Fliege,
snail = Schnecke, snake = Schlange, parrot = Papagei, elephant = Elefant, owl = Eule,
dolphin = Delfin, duck = Ente

3. horse, cow, **hen**, donkey, cat, dog, rabbit, bird, goose, **hen**

4. cat, dog, fish, bird

5. ① frog (kein Farmtier), ② cow (kein Zootier), ③ bear (kein Farmtier),
④ elephant (kein fliegendes Tier)

6. ① sheep, ② hen, ③ donkey, ④ dog, ⑤ cow, ⑥ rabbit, ⑦ cat

7. lion, tiger, guinea pig, zebra, chimpanzee, giraffe, monkey, crocodile, eagle, buffalo, elk

8. ① I see a tiger. ② I see a camel. ③ I see a worm. ④ I see an elephant. ⑤ I see a lion.
⑥ I see a giraffe.

9. sheep, dog, cat, cow, horse, pig, chicken, goose, mouse, fish, duck, hen, rabbit

10. ① Have you got a horse? ② Have you got a rabbit? ③ Have you got a cat?
④ Have you got a cock? ⑤ Have you got a mouse?
Individuelle Antworten

11. ① A butterfly can fly. ② A duck can swim and fly. ③ A spider can spin. ④ A monkey can climb.
⑤ A frog can jump.

12. ④ Do you like pigs? ⑤ Do you like snakes? ⑥ Do you like mice?
Individuelle Antworten

13. Waagerecht: flower, sky, sun, tree
Senkrecht: grass, moon, leaf, star

14. sun = Sonne, star = Stern, tree = Baum, flower = Blume, leaf = Blatt, grass = Gras,
planet = Planet, moon = Mond

15. moon, sun, star, flower, grass, tree

16. ① my horse, ② his snake, ③ a cat, ④ her pet, ⑤ a pig, ⑥ a lion, ⑦ her fish,
⑧ my bird, ⑨ a cow, ⑩ her bear

17. ① can, can, can't, ② can't, can, can, ③ can, can't, can't, ④ can, can, can,
⑤ can't, can, can't

18. ① winter, ② autumn (fall), ③ spring, ④ summer

19. Es bleibt übrig: It's stormy.

20. On Tuesday it was sunny. On Wednesday it was cloudy. On Thursday it was windy.
On Friday it was foggy. On Saturday it was rainy. On sunday it was snowy.

21. Richtig ist: ①, ③, ④, ⑤, ⑧, ⑪, ⑫

22. ① cold, ② wet, ③ dry, ④ hot, ⑤ wet, ⑥ cold

23. ① spring, ② autumn, ③ individuell, ④ winter, ⑤ summer, ⑥ spring, ⑦ autumn,
⑧ summer, ⑨ winter

S. 61 bis 63 Cultural events

1. ① Christmas = Christbaum, ② Halloween = Kürbis, ③ New Year's Eve = Knallbonbons,
④ Valentine's Day = Herz, ⑤ Bonfire Night = Strohmann, ⑥ Easter = Osterei,
⑦ Thanksgiving Day = Truthahn, ⑧ Mother's Day = Blumenstrauß,

2. ① Merry Christmas! ② Happy Valentine! ③ Happy Easter! ④ Happy New Year!

3. ① Christmas Day, ② Easter, ③ Birthday, ④ New Year, ⑤ Thanksgiving Day,
⑥ Christmas, ⑦ Birthday, ⑧ Carneval/Halloween, ⑨ Mother's Day, ⑩ Valentine's Day

4. einkreisen: Easter Sunday, eggs, bunny, basket, March/April
   unterstreichen: Santa Claus, stocking, star, angel, tree, candle, presents

5. ① October, autumn, ② individuell, ③ May, spring, ④ Easter, March, April, spring,
   ⑤ January, winter, ⑥ February, winter

6. Grüner Christbaum mit roten Kerzen und fünf gelben Sternen.
   7 Geschenke in verschiedenen Farben.

S. 67 bis 70 House and rooms

1. table = Tisch, chair = Stuhl, door = Tür, window = Fenster, house = Haus, bed = Bett,
   garden = Garten, washing machine = Waschmaschine
   Es heißt: home.

2. waagerecht: garage, livingroom, bathroom, bedroom
   senkrecht: kitchen, toilet

3. Fernseher = television, Herd = cooker, Lampe = lamp, Wasserhahn = tap, Toilette = toilet,
   Kühlschrank = fridge,

4. individuelle Lösungen

5. ① We live in a house. ② They live in a house. ③ You live in a house. ④ You live in a flat.
   ⑤ She lives in a house.

6. ① bedroom, ② bathroom, ③ living room, ④ kitchen, ⑤ in the children's room

7. ① living room, ② bathroom/toilet, ③ kitchen, ④ bedroom, ⑤ bathroom, ⑥ floor,
   ⑦ children's room, ⑧ dining room/kitchen, ⑨ kitchen, ⑩ staircase

S. 73 bis 76 Shopping

1. ① Can I get four apples, please? ② I'd like to have half a pound of plums.
   ③ Can I have two pounds of cherries, please. ④ How much are the tomatoes?
   ⑤ What do I have to pay?

2. Waagrecht: shopping list, supermarket
   Senkrecht: shop, potato, carrot, market, tomato
   ① shop ② market

3. There are two bananas/apples in the basket.
   There's a bottle of milk/salat/sausage/toast in the basket

4. ① pot of, ② box of, ③ box of, ④ box of, ⑤ bottle of, ⑥ box of, ⑦ cup of, ⑧ glass of

5. doll = Puppe, teddy bear = Teddybär, ball = Ball, puzzle = Puzzle,
   computer game = Computerspiel, scooter = Roller, racing car = Rennwagen/Auto

6. individuelle Antworten

7. Geldscheine (Geldstücke): five pounds, two pence, one penny, twenty pence, fifty pence, five pence, ten pence, one pound

8. ① I'm looking for pears. ② Do you have got three pounds of potatoes? ③ How much is it? ④ That's too expensive. ⑤ That's cheap. ⑥ How much I have to pay?

S. 79 bis 82 Sports and hobbies

1. ① Ⓐ board games, Ⓑ table tennis, Ⓓ basketball, Ⓔ card games, Ⓖ tennis, Ⓗ football, Ⓘ hockey,
   ②/③ hopsscotch = Hüpfspiel, hide-and-seek = Suchen/Abklatschen

2. Waagerecht: cricket, rugby, tennis, baseball, hockey, skating
   Senkrecht: badminton, riding, swimming

3. – 5. individuelle Antworten

6. ① Tim is a piano player. He's a piano player. ② Peter is a soccer player. He's a ….
   ③ Sarah is a hockey player. She's a …. ④ Lucy is a baketball player. She's a ….
   ⑤ Sandra is a tennis player. She's a ….

7. ① Let's play, ② Let's go, ③ Let's go, ④ Let's play

8. ① to read, ② to climb, ③ to sing, ④ to bike, ⑤ to cook, ⑥ to play basketball, ⑦ to ride, ⑧ to dance

S. 85 bis 88 England

1. car = Auto, plane = Flugzeug, ship = Schiff, bus = Bus, train = Bahn, motorbike = Motorrad

2. individuelle Lösungen

3. right – bike, right – tram, left – helicopter

4. Waagerecht: beach, river, holiday, mountain
   Senkrecht: park, sea, hill, lake

5. ① Doppeldecker-Bus, Big Ben, Robin Hood, Underground ticket
   ② Eifelturm, Freiheitsstatue

6. knight = Ritter, princess = Prinzessin, king = König, queen = Königin, prince = Prinz

7. indiviudelle Antworten

8. ① castle, ② tower, ③ ghost, ④ sword, ⑤ queen, ⑥ king, ⑦ princess

9. Italy – Italian, Spain – Spanish, Poland – Polish, Germany – German, Turkey – Turkish, Russia – Russian, France – French, Ireland – Irish, England – English

10. I come from Germany. I'm German./I come from Turkey. I'm Turkish./I come from Italy. I'm Italian./ I come from Spain. I'm Spanish./I come from France. I'm French./I come from Russia. I'm Russian.

Englischunterricht originell und motivierend!

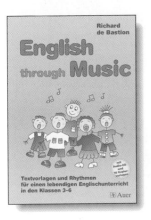

Richard de Bastion

English through Music

Textvorlagen und Rhythmen für einen lebendigen Englischunterricht in den Klassen 3–6

64 S., DIN A4, kart.
mit Audio-CD
Best.-Nr. **4434**

Englisch einmal anders vermitteln? Mit Popmusik und fetzigen Rhythmen?
Diese Materialsammlung besteht aus 20 Textvorlagen zu Themen aus den aktuellen Lehrplänen wie zum Beispiel Zahlen, Wochentage, Monate, Alphabet u. v. m. sowie 20 Rhythmusvorlagen. Die Lehrkraft wählt aus den Textvorlagen ein Thema aus und hört sich dazu ein Beispielstück auf der **Audio-CD** an. Anschließend probt sie mit ihren Schüler-/innen den ausgewählten Text – zunächst ohne Musik und dann auf einer Playbackversion. Zum Abschluss des Unterrichts wird das Musikstück dann gemeinsam aufgenommen.
Mit 10 Kopiervorlagen, die den Wortschatz der Texte systematisch üben und vertiefen.

Jörg Krampe/Rolf Mittelmann/
Peter Höhbusch

Übungsspiele Englisch 1

50 Kopiervorlagen
für den Englischunterricht ab Klasse 3

112 Seiten, DIN A4, kart.
Best.-Nr. **3724**

Der Band enthält 50 Kopiervorlagen mit Lösungen für den Anfangsunterricht ab der 3. Klasse zur Vorbereitung und Durchführung der schriftlichen Übungsphasen. Mit spielerischen Arbeitsaufträgen sichern und erweitern die Kinder ihren Wortschatz und lernen einfache grammatische Formen und sprachliche Strukturen. Wortmaterial und Satzmuster sind auf den üblichen altersgemäßen Anfangsunterricht abgestimmt.
Die Materialien sind durch 11 verschiedene Spielformen variantenreich ausgestattet.

Catrin Bartl/Almuth Bartl

Vokabelspiele für den Englischunterricht

in der Grund- und Hauptschule

44 S., kart.
Best.-Nr. **3607**

Vokabeln lernen ganz easy!
Dieses beliebte Buch bietet Ihnen eine Fülle von Spielen für das Vokabellernen im Englischunterricht. Es richtet sich an Grund- und Hauptschullehrkräfte, die die Motivation aller Schüler-/innen zum Vokabellernen wecken und spielerisch erhalten wollen. Die Spiele sind so ausgewählt, dass sie ohne Aufwand und Vorbereitung in den Unterricht integriert werden können.

Kopiervorlagen und Materialien für Ihren Unterricht!